Radwanderführer Angeln und Schlei

Horst-Dieter Landeck

Radwanderführer Angeln und Schlei

20 Thementouren
zwischen Flensburg und Stapelholm

BOYENS

Titelbild: Leuchtturm Falshöft
Alle weiteren Bildlegenden finden Sie auf Seite 126 f.

ISBN 978-3-8042-1336-4

2. Auflage 2015
© 2011 by Boyens Buchverlag GmbH & Co. KG, Heide
Alle Rechte vorbehalten
Text, Fotos und Gestaltung: Horst-Dieter Landeck
Herstellung: Boyens Buchverlag
Druck: Kösel, Krugzell
Printed in Germany

Inhalt

Ubersichtskarte   vordere Umschlag–Innenseite

Vorwort   8

Wege und Ausschilderung   9

MühlenTour   12
Glücksburg – Unewatt – Glücksburg

Landschaftsmuseum Unewatt   17

PanoramaTour   18
Steinbergkirche – Neukirchen – Steinbergkirche

AngelnTörn   24
Gelting – Rundhof – Gelting

GeltingerBirkTörn   28
Gelting – Birk – Falshöft – Gelting

OstseedeichTörn   32
Gelting – Maasholm – Rabel – Gelting

HeringsTörn   36
Kappeln – Olpenitz – Schönhagen – Arnis – Kappeln

Kappeln   41

SchleiuferTörn   42
Arnis – Sieseby – Lindaunis – Arnis

SchlemmerTörn   46
Brodersby – Lindaunis – Missunde – Brodersby

WikingerTörn   50
Haddeby – Missunde – Schleswig – Haddeby

Berg&TalTour   56
Sörup – Grundhof – Sterup – Sörup

WasserscheidenTour   62
Sörup – Sterup – Satrup – Sörup

Granitquader-Kirche St. Marien zu Sörup   67

AuenTour   68
Satrup – Havetoftloit – Großsolt – Satrup

Inhalt

GulythingTörn   72
Kappeln – Gulde – Wippendorf – Kappeln

LandarztTörn   76
Süderbrarup – Kappeln – Süderbrarup

Süderbrarup   81

KreisbahnTörn   82
Süderbrarup – Lindaunis – Ulsnis – Süderbrarup

KirchTörn   88
Brodersby – Winningmay – Tolk – Brodersby

BadeseeTörn   92
Schleswig – Idstedt –Süderfahrenstedt – Schleswig

Schleswig   98

Ochsenweg   99

LuusangelnTour   100
Oeversee – Jarplund-Weding – Großsolt – Oeversee

KirchenTour   106
Hürup – Munkbrarup – Flensburg – Hürup

Flensburg   112

Stapelholmer Weg   114
Oeversee – Tarp – Treia – Hollingstedt – Dannewerk –
Schuby – Idstedt – Süderschmedeby – Oeversee

Auskünfte, Touristinformationen, Museen   125

Bildverzeichnis   126

Ortsverzeichnis   128

Vorwort

Die Landschaft zwischen Flensburger Förde und Schlei ist ein ideales Radfahrerland. Die sanft geschwungene Hügellandschaft, die in der letzten Eiszeit entstand, bietet immer wieder fantastische Ausblicke über weite Felder oder über die See hinüber bis nach Dänemark. Angeln ist von drei Seiten von Wasser umgeben. Im Norden wird es durch die Flensburger Förde begrenzt, im Osten von der Ostsee und im Süden von der Schlei.

Wer einmal an einem sonnigen Tag im Mai oder Juni zwischen den leuchtendgelben Rapsfeldern hindurchgeradelt ist und seinen Blick über die Blütenteppiche hinüber zur Ostsee oder über die Schlei schweifen ließ, der wird dieses Erlebnis sicher nicht so schnell vergessen können. Neben der zauberhaften Landschaft wird dem Radwanderer auch kulturell Einiges geboten. Neben Dorfmuseen findet man zahlreiche Herrenhäuser, romanische Kirchen aus dem 12. und 13. Jh. und 5 000 Jahre alte Großsteingräber

Damit der Radwanderer an diesen Sehenswürdigkeiten nicht vorbeiradelt, wird vor jeder Tourenbeschreibung auf Sehenswertes am Wegrand hingewiesen.

Neben den beschriebenen, touristisch interessanten Themenrundwegen ist der historische Stapelholmer Radwanderweg als Triangeltour von Oeversee nach Hollingstedt, weiter zum Dane-werk und auf dem Ochsenweg zurück nach Oeversee beschrieben. Diese Tour ist etwa 100 km lang. Es ist empfehlenswert sich dafür drei bis vier Tage Zeit zu nehmen, um die Sehenswürdigkeiten am Weg genießen zu können.

Im Osten führt der Ostseeküstenradweg an der See entlang und bietet neben herrlichen Ausblicken übers Wasser auch die Möglichkeit für ein erfrischendes Bad in den Fluten der Flensburger Förde oder der Ostsee. Dieser Radwanderweg ist streckenweise in die Rundtouren integriert.

Das Format dieses Radwanderführers ist so ausgelegt, das er in das Kartenfach der meisten Lenkertaschen passt. Wobei Lenkertaschen mit aufklappbarem Kartenfach den Vorteil bieten, dass man zwei Buchseiten gleichzeitig sehen kann.

Die Karten sind im Maßstab ca. 1 : 80 000 gezeichnet und enthalten alle wichtigen Informationen. Auf den Karten sind zur besseren Orientierung die km-Angaben ab dem Ausgangspunkt eingezeichnet.

Wege und Ausschilderung

Die Ausschilderungen der Themenradtouren

Die Beschilderung besteht aus einem System von Armwegweisern mit Orts- und km-Angaben sowie Richtungspfeilen mit Fahrrad-Symbol. Die Armwegweiser stehen an Knotenpunkten wie Routenabzweigungen und Kreuzungen. Die Symbole der Themenrouten sind an den Armwegweisern angebracht.

Der Ostseeküstenradweg, der in einige Rundtouren eingebunden ist, führt über 423 km von der dänischen Grenze über Fehmarn bis Lübeck-Travemünde. Die Ausschilderung des Ostseeküstenradweges ist auf diesem Streckenabschnitt durch Angeln von Flensburg bis Kappeln recht gut, wobei allerdings bei einigen Wegweisern die blaue Farbe ausgeblichen ist und man diese Schilder leicht übersehen kann. Die Wegweiser stehen meist an Abzweigungen, gelegentlich auch, wenn es an größeren Kreuzungen geradeaus weitergeht. Mit Pfeilen wird die neue Fahrtrichtung angegeben (keine km-Angabe).

Radwanderweg „Alte Kreisbahntrasse"

Der Radwanderweg führt von Schleswig nach Süderbrarup. Auf diesem etwas über zwanzig Kilometer langen Radweg kann man fast von Bahnhof zu Bahnhof radeln. Für Radfahrer, die mit der Bahn anreisen und einen Tagesausflug planen, bietet diese Tour eine reizvolle Alternative zu den Rundwegen.

Die gesamte Strecke besteht aus Kies- und Graswegen. Diese Tour sollte man bei trockener Witterung fahren. Der KreisbahnTörn führt von Süderbrarup bis Taarstedt auf der alten Bahntrasse entlang.

Stapelholmer Weg

Der Stapelholmer Weg führt vom Arnkielpark auf dem historischen Handelsweg mittelalterlicher Kaufleute nach Hollingstedt, wo einst die Waren über Treene, Eider und Nordsee zu ihrem Bestimmungsort gelangten.

Über die Verbindung des Radweges „HistTourSüd" führt der Weg nach Hüsby, wo sich ein Abstecher zum Danewerk, der größten Befestigungsanlage Nordeuropas lohnt. In Hüsby trifft die Route auf den Ochsenweg, jenen Fernhandelsweg, auf dem seit der Bronzezeit Waren zwischen Nord- und Mitteleuropa transportiert wurden.

Diese Tour sollte auf mehrere Tage aufgeteilt werden.

Die Gebietsgemeinschaft Grünes Binnenland bietet hierzu Pauschaltouren an.

Nähere Informationen siehe Seite 125

Ochsenweg

Dieser Fernradweg führt von Vieborg in Dänemark auf dem Geestrücken durch Jütland und Schleswig-Holstein bis nach Wedel an der Elbe. Der BadeseeTörn und die Rundtour Stapelholmer Weg führt auf einem Streckenabschnitt über den Ochsenweg.

Die historische Bedeutung des Ochsenweges finden Sie auf Seite 99.

Kartenlegende

────────	Bundesstraße
────────	sonstige Straßen
────────	beschriebene Radtour
────────	weitere ausgeschilderte Radtouren
··············	Ochsenweg
────────	Feld- und Waldwege
╳╳╳╳╳╳	Eisenbahn
∿∿∿∿∿	Wasserläufe
─·─·─·─	Kartenanschluss
🟩	Waldflächen
🟧	bebaute Flächen
🟦	Wasserflächen

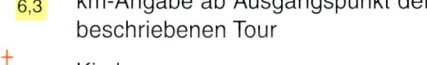
6,3 km-Angabe ab Ausgangspunkt der beschriebenen Tour

 Kirche

 Schloss

 Windmühle

 Wassermühle

 Leuchtturm

Beschreibung der Tour

Zur besseren Übersicht und zur schnelleren Orientierung sind die km-Angaben, die sich auf den Karten befinden, in der Wegbeschreibung hervorgehoben, **(8,3 km)**. Alle Straßennamen sind kursiv geschrieben (*Haffstraße*), alle Namen der Orte, durch die die Tour führt, sind in blauer Schrift gedruckt, und alle Sehenswürdigkeiten sind in *blauer Kursiv-Schrift* hervorgehoben. Weiterhin weist ein A im Text auf Gefahrenstellen hin.

MühlenTour

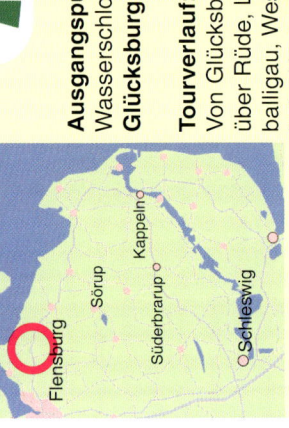

Ausgangspunkt: Wasserschloss in **Glücksburg.**

Tourverlauf:
Von Glücksburg über Rüde, Langballigau, Westerholz, Unewatt und Munkbrarup zurück nach Glücksburg.

Auskunft: Touristinformation Glücksburg
Tel.: 0 1805 60 07 70

Gesamtlänge der Tour   **29,5 km**

MühlenTour

Die Tour führt vom Wasserschloss in Glücksburg durch die sanft hügelige Landschaft Ostangelns, an den Windmühlen Steinadler in Westerholz, Fortuna in Unewatt und Hoffnung in Munkbrarup sowie der Buttermühle in Unewatt vorbei. In Wahrberg bietet die Tour dem Radwanderer bei klarem Wetter ein besonderes Fördepanorama und in Bockholmwik, Langballigau und Westerholz laden im Sommer Sandstrände zu einem erfrischenden Bad in der Förde ein.

Daneben laden das Landschaftsmusem in Unewatt und die romanische St.-Laurentius-Kirche in Munkbrarup kulturinteressierte Radfahrer zu einem Besuch ein.

Bis auf zwei kurze Wegstrecken verläuft die Tour auf asphaltierten Wegen. Ein Abschnitt verläuft auf der Trasse des Ostseeküstenradweges.

Unterwegs entdecken

Landschaftsmuseum Unewatt
Siehe Seite 17

Windmühle Hoffnung

Dieser Erdholländer, der 1868 von Meierwik nach Munkbrarup versetzt wurde, ist noch voll funktionsfähig und an Mühlentagen wird auch im zugehörigen Backhaus das bekannte und beliebte Steinofenbrot gebacken.

Windmühle Steinadler

1877 als eine der größten Windmühlen im Land errichtet, wurde der „Galerie-Holländer" im Jahr 1969 vom Sturm schwer beschädigt.

St. Laurentius in Munkbrarup

Die Granitquaderkirche St. Laurentius (um 1200) zählt zu den Hauptwerken dieses Baustils in Angeln. Das sechssäulige Südportal mit Tympanon ist romanisch. Der Innenraum präsentiert sich dagegen im Renaissancestil mit Kreuzgratgewölbe. Die romanische Granittaufe entstand um 1200 und zählt zu den wichtigsten Kostbarkeiten der Kirche.

Schloss Glücksburg

„Wiege der europäischen Königshäuser" Das Renaissanceschloss besteht im Kern aus drei nebeneinander gebauten dreigeschossigen Langhäusern mit achteckigen Wohntürmen an den vier Ecken. Ein Teil des Schlosses ist als Museum zu besichtigen. Beeindruckend ist neben der Schlosskapelle der rote Saal, ein ca. 30 x 10 m überwölbter Raum im klassizistischen Stil. Einen bleibenden Eindruck hinterlässt ein romantisches Konzert in den stimmungsvollen Räumen des Schlosses.

Mühlentour

Ausgangspunkt ist der Parkplatz am *Wasserschloss* in **Glücksburg (0,0 km)**. Vom Parkplatz schwenken wir nach links, nach 200 m rechts in die *Bahnhofstraße* und verlassen **Glücksburg**. Wir radeln am Waldrand entlang **(1,8 km)** und kommen am *Mühlenteich* vorüber. Mit einem Links-rechts-Schwenk gelangen wir wenige 100 m vor **Rüdeheck** auf den fahrbahnbegleitenden Radweg.

In **Rüde (2,6 km)** biegen wir links in Richtung Bockholmwik ab, erreichen bei **km 3,8** den *Ostseeküstenradweg* und schwenken rechts in Richtung Bockholmwik. In **Wahrberg (4,6 km)** bietet sich uns ein herrlicher Blick über die Flensburger Außenförde, bevor wir bergab zum Ufer der Förde rollen. Mit einer Rechtsbiegung entfernen wir uns vom Ufer, radeln wieder bergauf und fahren anschlie-

Bend an der Bushaltestelle (5,5 km) geradeaus. In der folgenden Linkskurve halten wir uns rechts (5,7 km) und biegen nach Siegum ab. A Der Radwegweiser ist hinter einem Schild versteckt.

Abstecher: Zum Badestrand halten wir uns links und fahren am Campingplatz vorüber zum Sandstrand neben dem Jachthafen.

Wir fahren nun bergab, biegen nach 100 m links ab, halten uns an der nächsten Einmündung (6,2 km) nochmals links und radeln wenig später durch Siegum.

An der T-Kreuzung (6,8 km) schwenken wir nach links, nach weiteren 100 m nach rechts und verlassen Siegum. In der Rechtskurve der Asphaltstraße (8,0 km) biegen wir links in den Sandweg nach Siegumlund ein, folgen im Wald den hölzernen Radwegschildern des *Ostseeküstenradweges* und erreichen Langballigholz.

An der T- Kreuzung (8,9 km) biegen wir links ab und schwenken bei km 9,5 links in den fahrbahnbegleitenden Radweg. Der Radweg führt geradeaus an Langballigau vorüber. Ein Abstecher zum Sportboothafen, den Souvenirgeschäften, Restaurant und Cafés sollte man einplanen. Mein Tipp: Im Café Anna und Meehr, das etwas versteckt hinter dem Hafen liegt, gibt es die beste Buchweizentorte, die ich kenne.

In Westerholz (10,9 km) radeln wir an der Haffstraße geradeaus, kommen an der *Windmühle Steinadler* vorüber und fahren an der Abzweigung Neukirchen (11,9 km) geradeaus. Hier verlassen wir den *Ostseeküstenradweg*, der links abzweigt.

300 m vor Streichmühle (14,5 km) fahren wir mit einem Rechts-links-Schwenk in den Auweg. A Achtung hier zeigt das Mühlensymbol in die falsche Richtung.

Wir überqueren die Au auf einer schmalen Brücke, radeln an der Abzweigung nach Sörup (15,1 km) geradeaus und schwenken nach 300 m an der Kreuzung halblinks in die Mühlenstraße. Wir kommen an der *Windmühle Fortuna* (15,8 km) vorüber, die zum *Landschaftsmuseum Unewatt* gehört, und rollen die Mühlenstraße hinunter zur *Buttermühle*, die ebenfalls zum Landschaftsmuseum gehört. In Unewatt fahren wir an der Kreuzung neben der *Buttermühle* (16,1 km) geradeaus in die Schmiedestraße und folgen am Ortsende von Unewatt (16,9 km) der leichten Rechtsbiegung des Hauptweges. Wir erreichen Langballig (17,6 km), schwenken von der Straße An der Schulau links in den Gaisberg, überqueren die Hauptstraße (17,8 km) und fahren weiter geradeaus. Auch an der Kreuzung (18,5 km) fahren wir geradeaus in die Schulstraße (Sackgasse), dem Radwegweiser in Richtung Glücksburg folgend.

Bei km 18,8 schwenken wir rechts in den fahrbahnbegleitenden Radweg der B 199 und

neben einem Rastplatz (**20,2 km**) noch mal nach rechts, dem Radwegweiser nach Ringsberg folgend. In **Ringsberg** (**20,8 km**) biegen wir links in die *Glücksburger Straße* ein, überqueren die B 199 (**21,3 km**) und radeln weiter geradeaus. Bei **km 18,8** schwenken wir rechts in Richtung Munkbrarup, kommen an einem weiteren Rastplatz vorüber und erreichen mit einem Rechts-links-Schwenk (**24,0 km**) **Munkbrarup**.

An der T-Kreuzung (**24,3 km**) halten wir uns links, an der nächsten T-Kreuzung vor einem efeuberankten Haus noch mal links und radeln anschließend über den *Dorfplatz* (**24,9 km**).

Wir kommen an der *Granitquaderkirche* aus dem 12. Jh. vorüber, biegen rechts in den *Auberg* ein und radeln an der *Windmühle „Hoffnung"* vorbei zur B 199, die wir in einer Unterführung passieren. Gleich danach biegen wir links ab und nach wenigen Metern wieder rechts (bei **km 25,6** biegt links die

Kirchentour ab). An einer Schule vorbei gelangen wir auf einem Fuß-/Radweg nach **Ulstrup**. Im Ort fahren wir an der Kreuzung geradeaus, erreichen auf dem *Ulstruper Weg Glücksburg*, biegen an der *Flensburger Straße* rechts ab (**28,3 km**) und fahren auf dem Radweg Richtung Zentrum. An einer Unterführung und an der für Radfahrer gesperrten Straße zum Kurzentrum radeln wir vorüber, folgen dem Radweg zum Wasserschloss und erreichen wieder unseren Ausgangspunkt am *Schloss Glücksburg*.

Landschaftsmuseum Unewatt

Das Landschaftsmuseum ist mit seinen Museumsinseln dezentral in das Dorf Unewatt integriert.

Zum Museum gehören:

– **der rekonstruierte Marxenhof**. Er wurde in Süderbrarup abgebaut und steht heute am Eingang des Dorfes.

– **die Buttermühle** (Wassermühle zur Butterherstellung). Sie steht in der Dorfmitte am wieder angelegten Mühlenteich und wurde nach historischen Unterlagen und Fotografien rekonstruiert.

– **die Christesen-Scheune** am Dorfrand. Sie wurde nach dem Vorbild des abgebrannten Wirtschaftsgebäudes von 1895 neu aufgebaut.

– **die renovierte Windmühle Fortuna**, die etwas außerhalb des Dorfes steht. Sie wurde 1878 als Galerieholländer errichtet. Mehrmals im Jahr drehen sich ihre Flügel im Wind.

PanoramaTour

Ausgangspunkt:
An der Feldsteinkirche in **Steinbergkirche.**

Tourverlauf:
Von Steinbergkirche über Großquern, Scheersberg, Neukirchen, Steinberghaff und Niesgrau zurück nach Steinbergkirche.

Auskunft: Touristikverein Ostsee Gelting-Maasholm
Tel.: 0 46 43-7 77
Gesamtlänge der Tour   **26,0 km**

PanoramaTour

Von der romanischen Feldsteinkirche in Steinbergkirche und der 500-jährigen Linde führt die Tour auf verkehrsarmen Nebenstrecken über Quern mit seiner Feldsteinkirche (12. Jh.) zum Scheersberg. Vom 32 m hohen Bismarckturm auf dem Scheersberg kann man bei klarem Wetter einen weiten Blick über Felder und Flensburger Förde bis zur dänischen Küste genießen. Weiter geht es nach Neukirchen zur weißgetünchten Backsteinkirche am Steilufer der Förde. Der weitere Abschnitt dieser Tour folgt dem Ostseeküstenradweg und führt am Ufer der Flensburger Förde – mit einigen Badestränden – entlang. Zwischen Neukirchen und Norgaardholz führt ein Wanderweg auf Holzbohlen durch das Habernisser Moor zur stärksten Quelle Angelns. Anschließend radeln wir durch das einzigartige Tal der Lippingau zurück nach Steinbergkirche.

Unterwegs entdecken

Neukirchen

Einem misslungenen Plan von Herzog Johannes dem Jüngeren von Sonderburg-Glücksburg, an dieser Stelle einen Hafen zu bauen, verdankt Neukirchen seine Gründung und den Bau der weiß getünchten Backsteinkirche von 1622.

Quern

Um 1200 entstand die Dorfkirche aus Granitquadern, Feldsteinen und Ziegeln. Der Backsteinturm wurde im 18. Jh. angebaut. Im Innern sind noch Teile der ursprünglichen Fresken erhalten.

Bismarckturm

Von dem 1903 auf dem 70 m hohen Scheersberg erbauten Bismarckturm reicht der Blick weit über das Land und über die Förde bis zur dänischen Halbinsel Broager.

Den Schlüssel für die Turmbesteigung bekommt man im gegenüberliegenden Fitness-Center.

Habernisser Moor

Wanderwege auf Holzbohlen führen durch das Moor, in dem sich die stärkste Quelle Angelns befindet. Sie liefert 600 Liter leicht schwefelhaltiges Wasser pro Minute.

Badestrände

In Neukirchen/Nieby, Habernis, Norgaardholz und in Steinberghaff führt die Tour an Naturstränden vorüber. In Norgaardholz befindet sich zusätzlich eine Seebadeanstalt.

Steinbergkirche

Der Ort entstand um die romanische Feldsteinkirche mit der 500-jährigen Linde. Die Kalksteintaufe aus dem 13. Jahrhundert stammt aus Gotland und ist das älteste Kunstwerk der Kirche.

PanoramaTour

Die Tour beginnt an der romanischen *Feldsteinkirche* in *Steinbergkirche* (0,0 km).

An der Straßenkreuzung folgen wir der Nordstraße B 199 etwa 150 m in Richtung Flensburg, schwenken dort nach links und halten uns vor der Gemeindeverwaltung rechts. Bei **km 0,7** nehmen wir an der Weggabelung den rechten Weg in Richtung Quern. An der *Feldsteinkirche* in *Großquern* radeln wir geradeaus, fahren bis zur Querstraße (**3,0 km**), biegen dort rechts ab, Richtung Scheersberg/Neukirchen und radeln auf dem Fuß-/Radweg zum *Scheersberg* hinauf.

Info: Den Schlüssel für die Besteigung des Bismarckturmes bekommt man im Fitness-Center auf der gegenüberliegenden Straßenseite.

Hinter dem *Bismarckturm* (3,2 km) biegen wir rechts nach **Hattlund** ein. Nach einer Linksbiegung der *Hattlunder Straße* (3,8 km) erreichen wir die B 199 (4,2 km). A Diese überqueren wir vorsichtig und radeln geradeaus über **Roikier**, vorbei an den Abzweigungen nach Gintoftholm (5,7 km) und Philipstal (7,0 km), zur Straße nach Neukirchen. Bei km 8,1 biegen wir links in eine Querstraße ein, halten uns nach 100 m am Buswartehäuschen rechts und biegen in **Neukirchen** rechts ab (8,7 km).

Abstecher: Zur *Kirche* biegen wir nach 50 m links in die Sackgasse ein. Von der Kirche führt ein Fußweg über eine Treppe das Kliff hinunter zum **Strand**.

Wir folgen nun dem *Ostseeküstenradweg,* fahren weiter in den Ort hinein und biegen an der Einmündung in eine Querstraße rechts ab (9,4 km). Links führt ein weiterer Zugang über eine Treppe zum Strand. Am Ortsrand biegen wir links nach **Habernis** ein (9,6 km) und radeln am Badestrand und zwei Restaurants vorüber bis zum Waldrand (11,8 km).

Abstecher: Zur stärksten *Quelle* Angelns fahren wir bei km 16,6 geradeaus durch den Wald und biegen nach 200 m rechts in den Fußweg zur Quelle ein. Wenige Meter, bevor der Weg auf einer Weide endet, halten wir uns links und gehen zwischen Wiesen und Feldern bergab. Auf Holzbohlen führt der Weg weiter geradeaus durch das Habernisser Moor zur Quelle.

Am Waldrand biegen wir links ab. Nach einer Linkskurve halten wir uns vor einer Zufahrtstraße zu einem einzelnen Haus rechts (12,2 km), durchqueren einen Wald und folgen anschließend vor einem Gehöft der Rechtsbiegung des Weges. Bei km 12,9 biegen wir links ab und radeln an einem Campingplatz vorüber in Richtung Förde. Vor dem Strand folgen wir der Rechtsbiegung der Straße, radeln an der *Seebadeanstalt* (Kiosk) sowie einem weiteren Zugang zum Strand vorüber und schwenken bei km 13,4 halblinks in den Fuß-/Radweg nach **Steinberghaff**. Wir überqueren die Kreuzung *Kösterstraße* (14,7 km) und biegen bei km 15,3 links in die Straße *Steinberghaff* ein. Am Ende der Straße schwenken wir beim Strandhotel nach rechts (16,1 km) und radeln auf einem Kiesweg am Strand entlang. Nach einer Rechtsbiegung vor einem Waldstück biegen wir vor einem einzelnen Haus links ab (17,0 km), fahren durch den Wald bis zum Parkplatz (17,4 km) und biegen dort links ab. Am Strand halten wir uns wieder rechts (17,7 km) und überqueren die *Lippingau* (18,3 km). Anschließend biegt der Weg rechts ab und führt den Hang hinauf. Nach einer Linksbiegung des Weges gelangen wir bei km 18,5 zum Strand-Parkplatz **Ohrfeldhaff**. Dort halten wir uns rechts, nach 100 m an der nächsten Abzweigung wieder rechts und verlassen den *Ostseeküstenradweg.* Hinter einem einzelnen Haus biegen wir nochmals rechts ab (18,7 km) und radeln auf

der leicht ansteigenden Strecke an der Zufahrt zu einer Kerzenwerkstatt vorüber **(19,6 km)** bis zur B 199. A Diese überqueren wir, fahren geradeaus weiter und erreichen **Niesgrau (20,4 km)**.

Wenige Meter hinter dem Ortsanfang von **Niesgrau** biegen wir von der Hauptstraße rechts nach Stobdrup ab und fahren auf der *Geltinger Landstraße* durch das Tal der Lippingau. Wir überqueren die *Lippingau* bei **km 26,2**, biegen an der Kreuzung nach Stobdrup **(27,5 km)** rechts ab in die Straße *Südsteinberg* und überqueren noch einmal A vorsichtig die B 199 **(28,9 km)**. Wir radeln geradeaus, bis wir an der T-Kreuzung **(29,3 km)** links nach Steinbergkirche abbiegen, schwenken bei **km 30,6** rechts in den fahrbahnbegleitenden Radweg der B 199 und radeln bis zu unserem Ausgangspunkt, der **Feldsteinkirche** in **Steinbergkirche**.

AngelnTörn

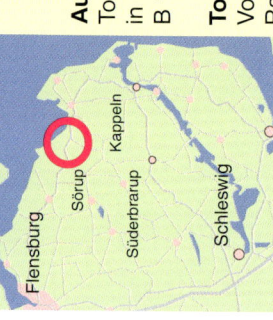

Ausgangspunkt:
Touristinformation in **Gelting** an der B 199.

Tourverlauf:
Von Gelting über Rabenholz, Stoltebüll, Stangheck, Rundhof, Niesgrau und Wackerballig zurück nach Gelting.

Auskunft: Touristinformation Gelting
Tel.: 0 46 43-7 77

Gesamtlänge der Tour   **26,0 km**

Der AngelnTörn

Die Tour führt durch die sanft hügelige Landschaft mit ihren knickgesäumten Feldern. Am Wegrand liegen der Pinkyberg, eine Grabanlage aus der jüngeren Steinzeit, sowie herrschaftliche Güter und das Herrenhaus Grahlenstein. Zum Abschluss der Tour erreichen wir die Strände und Jachthäfen an der Geltinger Bucht.

Unterwegs entdecken

Gelting

Beschreibung von Kirche, Gemeindehaus und Schloss siehe Seite 29

Gut Rundhof

Aus einer Wasserburg, die 1231 bereits im Erdbuch von König Waldemar erwähnt wurde, entstand Anfang des 17. Jh. die heutige Gutsanlage. Den schlossartigen Charakter des Herrenhauses unterstreicht ein polygonaler Mittelrisalit.

Pinkyberg

Von dieser knapp 20 m hohen Anhöhe bietet sich ein weiter Blick über das Land in Richtung Ostsee. Das Riesenbett aus der jüngeren Steinzeit (5000 – 2000 v.Chr.) war ursprünglich mit ca. 50 Steinen eingefasst, je 20 Steine an den Längsseiten und je fünf Steine an den

Querseiten. Von diesen Steinen sind nur noch drei und der Endstein vorhanden, aber auch diese wenigen Steine vermitteln noch einen guten Eindruck von der Größe dieser Grabanlage.

Badestrände

In Ohrfeldhaff und Wackerballig führt die Tour an Badeständen vorbei.

AngelnTörn

Von der Touristinformation in **Gelting** gelangen wir nach wenigen Metern zur Kreuzung mit einer Ampelanlage. Dort überqueren wir die *Nordstraße* (B 199) und fahren auf dem *Süderholm* in Richtung Rabenholz. An der Abzweigung nach Stenderup fahren wir geradeaus **(0,5 km)** und verlassen Gelting.

Abstecher: An der Abzweigung nach Lehbek **(1,4 km)** rechts abzweigen. Nach 200 m gelangt man zum *Pinkyberg*, einer Grabanlage aus der jüngeren Steinzeit.

Weiter geht es auf dem Radweg nach **Rabenholz.** Im Dorf **(2,8 km)** biegt rechts der Abkürzungsweg nach Stoltebüll ab. Die Hauptroute führt geradeaus auf dem Radweg neben der *Kappelner Chaussee* am **Gut Priesholz** vorüber. Bei **km 5,0** biegen wir rechts in Richtung Gulde ab und bei **km 5,6** nochmals rechts nach **Vogelsang** über

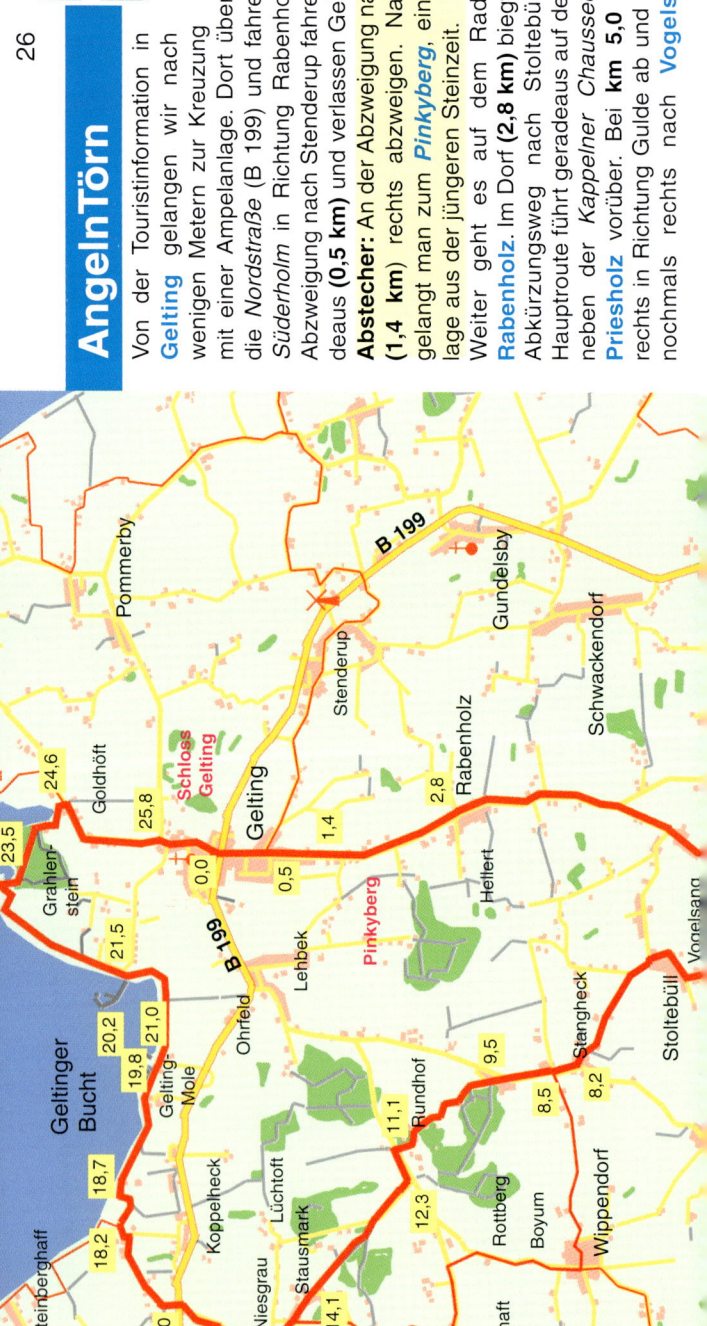

Klein-Vogelsang. Auf der *Stoltebüller Schulstraße* fahren wir über **Dammstedtfeld** nach **Stangheck** und biegen dort rechts in die *Dorfstraße* nach Gelting ein (**8,2 km**). An der Abzweigung nach Wippendorf (**8,5 km**) halten wir uns rechts, folgen weiter der *Dorfstraße* und radeln mit einem Links-rechts-Schwenk (**9,5 km**) in die Alte Hauptstraße. Wir erreichen bei **km 11,1** das *Gut Rundhof*, biegen nach 100 m links in die *Rundhofer Chaussee* und nach weiteren 500 m rechts nach Niesgrau ab.

An der Bauminsel mit einer Kastanie biegen wir links in den *Ziegeleiweg* ein (**12,3 km**) und halten uns nach 100 Metern an der Weggabelung links. In **Stausmark** (**14,1 km**) erreichen wir wieder die Asphaltstraße und fahren chen wir wieder die Asphaltstraße und fahren weiter geradeaus. Auch an der Straßenkreuzung bei **km 14,4** radeln wir geradeaus weiter, erreichen auf dem *Alten Bahndamm* **Niesgrau** und halten uns vor dem Gasthaus rechts (**15,7 km**). Nach 200 m biegen wir rechts in die *Hauptstraße* zur B 199 ab

(**15,9 km**) und radeln am **Gut Niesgraugaard** vorbei. **A** Wir queren die B 199 (**17,0 km**), fahren nach **Ohrfeldhaff** und radeln an der Abzweigung zum Strand geradeaus (**18,2 km**).

Bei **km 18,7** endet die Straße vor einem weißen Tor. Hier folgen wir links dem *Strandweg* und müssen das Rad am Deich einige Meter schieben, dann können wir auf dem *Strandweg* bis zum Restaurant fahren. Zwischen Restaurant und Jachthafengelände **Gelting-Mole** schwenken wir nach rechts, biegen nach wenigen Metern links ab und radeln über einen Parkplatz geradeaus bis zur *Zufahrtsstraße* des Hafengeländes. Wir überqueren die Straße, fahren nach wenigen Metern einen Links-rechts-Schwenk, und radeln anschließend weiter auf dem unbefestigten Uferweg zum Jachthafen in **Wackerballig** (**21,5 km**). Vor dem Gasthaus in **Wackerballig** erreichen wir wieder die Asphaltstraße und biegen links ab.

Wer sich den Weg nach Gelting abkürzen möchte, kann hier rechts abbiegen.

Wir fahren am Campingplatz vorüber, passieren eine Schranke, radeln am Strand entlang und folgen dem Deichweg am Ufer der Geltinger Bucht bis zum Naturschutzgebiet. Hier verlassen wir den Deich, biegen rechts ab und fahren auf einem schmalen unbefestigten Weg am Noor entlang zum **Nordschauwald** (**23,5 km**). Am Waldrand halten wir uns halb links, radeln auf dem breiten Weg durch den Wald, kommen am **Herrenhaus Grahlenstein** vorüber und fahren am Noor entlang bis zur Querstraße in **Goldhöft** (**24,6 km**). Dort biegen wir rechts ab und erreichen bei **km 25,8** die Straße Gelting – Pommerby, in die wir rechts einbiegen. In **Gelting** fahren wir an der Abzweigung nach Wackerballig geradeaus, kommen an der *Kirche* sowie an dem Fachwerkbau des *Gemeindehauses* vorüber und erreichen an der Kreuzung *Nordstraße* wieder unseren Ausgangspunkt.

GeltingerBirkTörn

Ausgangspunkt:
Touristinformation in **Gelting** an der B 199.

Tourverlauf:
Von Gelting über Goldhöft – Geltinger Birk – Falshöft und Kronsgaard zurück nach Gelting.

Auskunft: Touristinformation Gelting
Tel.: 0 46 43-7 77

Gesamtlänge der Tour   **25,7 km**

GeltingerBirkTörn

Die Strecke führt von Gelting über den Deich durch das Naturschutzgebiet Geltinger Birk. An seltsam gewachsenen Bäumen und durch den Geisterwald führt die Tour am Vogelwärterhäuschen vorüber. Weiter geht es auf dem Deich um die Birk zum Leuchtturm Falshöft. Mit etwas Glück kann man am Rande des Naturschutzgebietes Wildpferde beobachten, die seit 2002 hier ausgewildert wurden. Auf dem Streckenabschnitt von Falshöft bis Langfeld besteht die Möglichkeit, zu verschiedenen Badeständen abzubiegen. Anschließend geht es auf teilweise knickgesäumten Wegen zwischen Feldern und Wiesen hindurch zurück nach Gelting.

Unterwegs entdecken

Gelting

Schloss: Um 1470 entstand in Gelting ein adeliger Gutshof mit Wassergraben und Erdwällen, der 1494 in Adelsbesitz überging. Der repräsentative Herrensitz, ein dreiflügeliger Bau mit einem runden Turm, ist im Ostteil spätmittelalterlich. Der Westflügel entstand um 1670. Der Gutshof ist bewohnt und kann nicht besichtigt werden.

St.-Katharinen-Kirche: Sehenswert ist der sakrale Backsteinbau mit dem einzeln stehenden Holzturm. Der ursprünglich gotische Bau wurde Ende des 18. Jh. in spätbarockem-klassizistischem Stil umgebaut und erweitert.

Gemeindehaus: Der reetgedeckte Fachwerkbau wurde nach einem Brand 1733 neu errichtet. Bis 1823 diente der Bau mit Stallungen und Heuboden als Pastorat, da die Pastoren von ihrer Bauernwirtschaft leben mussten.

Windmühle Charlotte: Die kleine reetgedeckte und seit einigen Jahren wieder liebevoll restaurierte Holländermühle von 1824 ist das Wahrzeichen der Geltinger Birk.

Sie diente nach der Eindeichung des Beveroer Noores im Jahre 1821 als Korn- und Schöpfmühle. Sie war neben zwei weiteren Schöpfmühlen, von denen nichts mehr erhalten ist, Teil einer Entwässerungsanlage, die das tiefliegende Land landwirtschaftlich nutzbar machen sollte.

Die Mühle Charlotte befindet sich in Privatbesitz und kann nicht besichtigt werden.

Leuchtturm Falshöft

Der 24 m hohe, rot-weiß gestreifte Leuchtturm wurde 1908/09 erbaut und steht gleich hinter dem Deich in Falshöft. Im Leuchtturm befindet sich heute ein Trauzimmer des Standesamtes.

GeltingerBirkTörn

Von der Rückseite der Tourist-Information in **Gelting** fahren wir auf der *Wolfgang-Mieter-Straße* (**0,0 km**) zur Sparkasse und biegen dort links in den *Norderholm* ein. Die Strecke führt am Gemeindehaus, der Kirche sowie der Schule vorüber. An der Abzweigung nach Wackerballig fahren wir geradeaus weiter. Gleich hinter dem Ortsende von Gelting biegen wir links nach Goldhöft und zur Birk ab (**0,9 km**).

Abstecher: An der Abzweigung nach Goldhöft biegen wir rechts in den Radweg ein und gelangen nach 200 m zum *Schloss Gelting*, welches jedoch nicht besichtigt werden kann.

Wir fahren in **Goldhöft** an der Abzweigung zum Nordschauwald vorbei (**2,1 km**). Am Wegweiser zur Birk biegen wir links ein

Ostsee

Leuchtturm 13,1
Seehof
12,4
Falshöft
Gammeldamm
Niedamm
14,6
16,0
Golsmaas
18,5
Pottloch
Nieby
15,0
Pommerby
16,7
Gut Düttebüll
18,7
Langfeld
19,1
Bobeck
21,6
Beveroe
6,3
Wildpferde
5,3
Vogelwärterhaus
Birk
Mühle
Charlotte
3,8
2,8
Goldhöft
2,1
Grahlenstein
0,9
Schloss Gelting
Stenderup
23,1
22,3
0,0
Gelting
Wackerballig
25,3
Lehbek
Pinkyberg

Geltinger Bucht

Gelting Mole

(2,6 km), fahren am Birkparkplatz mit dem Birkkiosk sowie an der Müllerkate vorüber und passieren eine Schranke. A Von km 3,8 bis 12,0 führt die Route über einen Kiesweg, der stellenweise weiche Sandmulden aufweist.

Im Naturschutzgebiet radeln wir an der *Windmühle „Charlotte"* (3,8 km) und an der Reetdachkate „Sperlingslust" vorüber. Der Weg führt durch den Zauberwald, vorbei am alten Forsthaus. Am Hof Beveroe (5,8 km) halten wir uns links und gelangen zur Schutzhütte des Vogelwarts (6,3 km). Wir radeln rechts weiter auf dem Deich, der die Birkniederungen vor den Fluten der Ostsee schützt, und sehen im Norden den Leuchtturm Kalkgrund. Bis dorthin erstreckt sich die Flachwasserzone der Birk. Bald darauf kommen wir an den Weidegebieten der *Wildpferde* vorüber und erreichen schließlich wieder einen asphaltierten Weg. Gleich darauf passieren wir zwei Parkplätze (12,4 km), fahren weiter geradeaus am Fuß des Deiches entlang, kommen am *Leuchtturm Falshöft* und an einem Campingplatz vorüber.

Anschließend fahren wir zwischen zwei Gebäuden des „Seehofes" hindurch und biegen rechts ab (13,1 km). Bei km 14,6 biegen wir nach Pommerby links in die *Niebyer Straße* ein und an der reetgedeckten alten Schule von Pommerby nochmals links in die *Niedammer Straße* (15,0 km). Beim Bauernhof Niedamm führt der Weg mit einer Rechtsbiegung (16,0 km) zur Straße Pommerby – Kronsgaard. Hier biegen wir wieder links ab, radeln am *Gut Düttebüll* vorüber bis nach Regenholz (18,5). Nach 200 m (18,7 km) biegen wir rechts nach Bobeck ab. In Langfeld kommen wir an der Töpferei Domstag vorbei, fahren weiter über *Hüsfeld* zur Straße Pommerby – Bobeck (20,5 km) und biegen links ein.

In Bobeck (21,0 km) biegen wir nochmals links ab und radeln bis zur B 199 (*Nordstraße*). Bevor wir die Straße überqueren, erinnert an der rechten Seite des Weges ein Gedenkstein an die Aufhebung der Leibeigenschaft auf den Gütern Hasselberg und Oehe im Jahr 1790 (21,6 km).

A Wir überqueren nun vorsichtig die B 199 und fahren weiter geradeaus. Nach 200 m folgt eine scharfe Linksbiegung, anschließend geht es in einem weiten Rechtsbogen auf einem schmalen Weg nach **Stenderup** (23,1 km). Auf der *Stenderuper Straße* fahren wir über Grütheck und Freienwillen nach **Gelting**. Bei **km 25,3** halten wir uns rechts und gelangen über den *Süderholm* zur B 199. Diese überqueren wir an der Ampelanlage, biegen dort links ab und erreichen wieder unseren Ausgangspunkt (**25,7 km**).

OstseedeichTörn

Ausgangspunkt:
In **Gelting** am Parkplatz Süderholm, Ecke Stenderuper Straße.

Tourverlauf:
Von Gelting über Kronsgaard – Maasholm – Rabel und Rabenholz zurück nach Gelting.

Auskunft: Touristinformation Gelting
Tel.: 0 46 43-7 77

Gesamtlänge der Tour **32,2 km**

OstseedeichTörn

Die Tour führt von Gelting zwischen knickgesäumten Feldern zum Strand von Pottloch. Weiter geht es auf dem Deich am Ostseeufer, an Badestränden, am Gut Oehe, dem Vogelschutzgebiet Oehe-Schleimünde (vom Vogelwärterhaus werden Führungen angeboten) vorbei zum Naturerlebnis-Zentrum.

Am Schleiufer radeln wir am Galgenberg vorüber zum Fischer- und Feriendorf Maasholm mit seinem Sportboot- und Fischereihafen.

Anschließend führt die Tour am Ufer des Wormshöfter Noores entlang und über Gut Buckhagen zurück nach Gelting.

Unterwegs entdecken

Gut Oehe

Oehe lag bis zur Mitte des 15. Jh. auf einer Insel und diente im 13. Jh. als königliches Jagdrevier. Die Gutsanlage mit einem Herrenhaus aus dem 18. Jh. versteckt sich in einer Parkanlage. Das Gut ist bewohnt und bietet Ferienwohnungen an, kann aber nicht besichtigt werden.

Gut Buckhagen

Das Gut entstand im 14. Jh. Das heutige Herrenhaus aus gelbem Backstein mit einem Türmchen stammt von 1865. Die Wirtschaftsgebäude aus dem 19. Jh. wurden durch einen Brand zerstört und neu aufgebaut.

Gelting

Beschreibung siehe Seite 29

Maasholm

Der alte Ort lag ursprünglich auf der damaligen Insel Oehe, wurde aber im 17. Jh. mehrfach durch Sturmfluten heimgesucht. 1701 baute man den neuen Ort um die sechs Meter hohen Sandhügel, auf dem seit 1952 die St.-Petri-Kapelle steht. Im Segel- und Fischereihafen herrscht meist ein buntes Treiben. In den schmucken kleinen Giebelhäusern, in denen einst Fischer oder Schiffer wohnten, werden heute teilweise Ferienwohnungen angeboten.

Pinkyberg

Beschreibung siehe Seite 25

Vogelschutzgebiet Oehe-Schleimünde

Zwischen Galgenberg und Leuchtturm Schleimünde erstreckt sich das Vogelschutzgebiet Oehe-Schleimünde. Das Betreten des Vogelschutzgebietes ist nur mit Führung möglich (ab Vogelwärterhäuschen).

Badestrände

In Pottloch, Kronsgaard, Hasselberg und beim Gut Oehe führt die Tour an zahlreichen Badeständen vorüber.

OstseedeichTörn

Den Ausgangspunkt am Parkplatz *Süderholm* in **Gelting** erreichen wir, indem wir an der Ampel bei der Touristinformation die B 199 queren, in den *Süderholm* einbiegen und diesem 400 m folgen.

Vom Parkplatz *Süderholm* in **Gelting (0,0 km)** biegen wir in die *Stenderuper Straße* ein und fahren über **Grüftheck** an zwei Abzweigungen zur B 199 vorbei bis zur Ortsmitte **Stenderup (3,0 km)**. Dort biegen wir links ab, gelangen über einen schmalen Weg zur B 199 und **A** überqueren diese vorsichtig **(3,7 km)**. Auf der linken Seite des Weges steht ein Gedenkstein, der an die Aufhebung der Leibeigenschaft auf den Gütern Hasselberg und Oehe im Jahr 1790 erinnert. Wir halten uns halb links und radeln nach **Bobeck**. Bei **km 4,3** biegen wir rechts in Richtung Pommerby ab

und nach 500 m nochmals rechts **(4,8 km)**. Wir fahren über **Langfeld** bis zur Straße Kronsgaard – Pommerby **(6,2 km)** und biegen links ab. An der Abzweigung bei **km 6,6** fahren wir geradeaus und biegen an der folgenden Abzweigung rechts zum *Strand von Pottloch* ab **(6,8 km)**. Am Deich **(7,6 km)** halten wir uns rechts und radeln auf dem Deich über **Kronsgaarder Drecht** immer an der Küste entlang, am Sporthotel **(8,8 km)**, an den Campingplätzen und am **Gut Oehe** vorüber bis zum *Naturschutzgebiet Oehe-Schleimünde*. Am Gut Oehe verlassen wir die Deichkrone und radeln auf dem Kiesweg am landseitigen Deichfuß weiter. **A** Der Deichweg (km 9,8 – 15,6) ist nicht befestigt. Bei feuchter Witterung ist deshalb besondere Vorsicht geboten.

Am *Vogelwärterhaus* **(13,1 km)** biegen wir rechts ab und fahren am Schleiufer entlang, vorbei am *Naturerlebnis-Zentrum* und am *Galgenberg* nach **Maasholm** **(15,6 km)**. Am Hafengelände sollten wir absteigen. An den Stegen des Segelhafens (öffentl. WC und Duschen) sowie den Kaianlagen des Fischereihafens schieben wir das Rad bis zum *Strandweg* **(16,0 km)**. Vom *Strandweg* fahren wir an der Kapelle St. Petri vorüber und gelangen über die Straßen *Am Kliff, Westerstraße, Hafenstraße und Schmiedestraße* zum Ortsausgang **(16,6 km)**. Der Weg führt weiter am Ufer des Wormshöfter Noores über **Exhöft** nach **Wormshöft** **(18,1 km)**. Dort fahren wir geradeaus und biegen in **Hauheck** links in den Privatweg zum **Gut Buckhagen** ein **(19,8 km)**. Anschließend fahren wir an der Gutsanlage vorbei **(21,0 km)** und erreichen über **Rabel** die B 199 **(22,4 km)**. Diese queren wir auf einer Unterführung und radeln weiter geradeaus nach **Stutebüll** **(23,5 km)**. Hier halten wir uns erst rechts und biegen anschließend links nach **Buhs** ab **(24,1 km)**. **A** Wir queren die *Alte Kappelner Chaussee* **(24,9 km)** und halten uns hinter **Deckerkate** bei **km 26,3** rechts. Über **Klein-Vogelsang** gelangen wir nahe dem **Gut Priesholz** zum Radweg neben der *Kappelner Chaussee* und biegen links ab **(27,7 km)**. Über **Rabenholz** **(29,7 km)** radeln wir an der Abzweigung nach Lehbek vorbei **(31,3 km)**.

Abstecher: Links nach Lehbek abbiegen. Nach 200 m liegt auf der rechten Straßenseite der *Pinkyberg* mit einer Grabanlage aus der jüngeren Steinzeit.

Wir fahren geradeaus weiter und erreichen in Gelting gegenüber der Abzweigung nach Stenderup unseren Ausgangspunkt **(32,1 km)**.

HeringsTörn

Ausgangspunkt: In **Kappeln** am Hafen.

Tourverlauf: Von Kappeln über Olpenitz – Karby und Arnis zurück nach Kappeln.

Auskunft: Touristinformation Kappeln
Tel.: 0 46 42-40 27

Gesamtlänge der Tour   **30,3 km**

HeringsTörn

Vom Hafen in Kappeln führt die Tour über die moderne Schleibrücke nach Olpenitz, wo wir einen herrlicher Rundblick über die Schlei bis nach Schleimünde genießen können, und weiter am Weidefelder Strand entlang nach Schönhagen (langer Sandstrand). Zwischen Feldern und Wiesen radeln wir durch die sanft hügelige Landschaft nach Sundsacker, überqueren mit der Fähre eine der engsten Stellen der Schlei und erreichen Arnis. Bevor wir in einem weiten Bogen auf der Angeler Schleiseite nach Kappeln zurückkehren, sollten wir einen Rundgang durch die kleinste Stadt Deutschlands und einen Besuch der Schifferkirche mit ihren schönen Votivschiffen nicht versäumen.

Unterwegs entdecken

Kappeln
Beschreibung siehe Seite 41

Gut Olpenitz wird bereits 1285 als Adelssitz erwähnt. Seit dem 17. Jh. ist es der Stammsitz der Familien von Ahlefeld.

Schönhagen
Das Schloss Schönhagen entstand um 1650 als Gutshaus. Heute wird es als Reha-Klinik genutzt.

Karby
Die gotische Backsteinkirche stammt aus dem 13. Jh. Im Innern haben sich Reste einer spätgotischen Ausmalung erhalten. Neben der romanischen Granittaufe aus dem 12. Jh. ist die geschnitzte Renaissance-Kanzel sehenswert.

Arnis
Arnis gilt als die kleinste Stadt Deutschlands. Um der Leibeigenschaft des Gutsherrn von Ruhmor zu entgehen, flüchteten im 17. Jh. 64 Kappelner Familien auf die Insel Arnis. Diese Siedlung entwickelte sich bald zur führenden Metropole für Schiffbau und Handel, deren Handelsflotte zeitweise über 90 Schiffe zählte. Die Lindenallee, gesäumt von kleinen, aneinandergereihten Giebelhäusern des 18./19. Jh. mit ihren Utluchten (alte Vorbauten) prägt das historische Ortsbild.

Karlsburg
Das Herrenhaus von 1727 wurde 1770 um zwei Seitenflügel erweitert, 1737 wurde die Lindenallee angelegt, die noch heute zur Gutsanlage führt. 1785 erwarb Landgraf von Hessen-Cassel, Statthalter des dänischen Königs, das Herrenhaus und taufte es auf den Namen Schloss Karlsburg. 1836 erbte Herzog Carl zu Schleswig-Holstein-Sonderburg-Glücksburg das Schloss. Heute gehört es der Stiftung Schäferhaus.

HeringsTörn

Betriebszeiten der Fähre in Arnis: 07.00 – 19.00 Uhr,
im Sommer 07.00 – 22.00 Uhr,
von Dezember bis Februar ruht der Fährbetrieb

Vom Hafen in **Kappeln** biegen wir in den Radweg zur Schleibrücke ein, überqueren die Schlei und biegen an der ersten Straße (*Ellenberger Straße*) links ab, **(0,5 km)**, halten uns am Café rechts und folgen den Radwegweisern. Auf der *Ellenberger Straße* erreichen wir die *Holtenauer Straße* **(1,1 km)**, überqueren diese, fahren geradeaus durch ein kleines Gehölz **(1,25 km)**, überqueren anschließend die *Barbarastraße* **(1,3 km)** und folgen dem Wegweiser geradeaus nach Olpenitz. Wir biegen bei **km 4,0** links zum **Gut Olpenitz** ein und radeln am Torhaus des Gutes vorüber (das Herrenhaus liegt versteckt hinter Bäumen und dem großen reetgedeckten Speicher), halten uns in **Olpenitzdorf** rechts **(4,8 km)** und biegen bei km 5,2 von der *Olpenitzer Dorfstraße* in den *Weidefelder Weg* ein.

Abstecher: Bei **km 5,2** geradeaus weiterfahren. Nach 100 m endet die Straße, und vom kleinen Wendeplatz hat man einen großartigen Blick bis zum *Leuchtturm* von Schleimünde.

Wir überqueren **A** vorsichtig die Landstraße, fahren weiter geradeaus **(5,5 km)** und biegen bei **Hinrichsholz** links zum *Weidefelder Strand* ab **(6,8 km)**. Am Strandhotel halten wir uns hinter dem Parkplatz rechts und folgen dem Deichweg **(8,1 km)**. Hinter dem Deich erstreckt sich bis Schönhagen ein langer *Sandstrand*.

Vor Schönhagen verlassen wir den Deichweg, biegen rechts ab **(9,7 km)** und schwenken bei **km 10,3** links in einen Spurenweg ein, der schon bald in einen Teerweg übergeht. Nach einem Rechts-links-Schwenk **(10,7 km)** biegen

wir an der Touristinformation in **Schönhagen** rechts ab **(10,8 km)**, radeln am *Schloss Schönhagen* vorüber **(11,3 km)** und biegen zum Hof Lückeberg links ein **(12,4 km)**. Auf einem Spurenweg fahren wir an der Abzweigung zum Hof Lückeberg geradeaus **(13,3 km)** und biegen bei km 14,2 links in eine Teerstraße ein. Von der Straße *Schwonendahl* biegen wir am Ortsrand von **Karlsburg** links ab **(16,0 km)**, verlassen an der Abzweigung nach Dörphof den *Ostseeküstenradweg* und biegen rechts ab **(16,7 km)**. An der *Kirche* von **Karby** schwenken wir links in die *Eckernförder Straße* **(17,3 km)** und bei km 17,9 noch mal links, queren die B 203 auf einer Unterführung und biegen gleich wieder links ab in Richtung Arnis **(18,1 km)**. An der Abzweigung zur *Karlsburg* fahren wir geradeaus **(19,3 km)**.

Bei **km 20,1** verlassen wir den Fuß-/Radweg der Kreisstraße Kappeln – Karby, biegen rechts nach Arnis ein und halten uns an der Abzweigung zum Charlottenhof links **(20,6 km)**.

In **Sundsacker** endet der Radweg **(21,0 km)** und nach 100 m erreichen wir die *Fähre*, die uns auf das gegenüberliegende Schleiufer nach **Arnis** bringt. In Arnis fahren wir von der Fähre geradeaus zur *Langen Straße* **(21,3 km)**, biegen dort links ein und an der nächsten Straße wieder rechts **(21,4 km)**.

Abstecher: Zur *Schifferkirche* zu Arnis fahren wir geradeaus auf der *Langen Straße* weiter und treffen am Ortsrand auf die Kirche. Ein Wanderweg führt rund um die kleinste Stadt Deutschlands am Schleiufer entlang.

Wir fahren am Parkplatz und am Segelhafen vorüber.

Abkürzung: Gleich hinter dem Sportboothafen führt ein schmaler, stellenweise unbefestigter Weg zum Kappelner Hafen.

In **Grödersby** biegen wir rechts nach Kappeln ab **(22,4 km)** und am Bahnübergang der Museumsbahn rechts in den Wald

(23,6 km), passieren eine kleine Brücke (**A** Vorsicht: evtl. absteigen) und fahren zwischen Schützenhaus und Waldschänke hindurch **(24,2 km)**. Anschließend radeln wir auf der Straße *Hüholz* am Ortsrand von **Kappeln** an der Schule vorüber, queren bei **km 24,8** an der Ampel die B 201, fahren auf dem schmalen Kiesweg *Schoolstieg und* an seiner Einmündung in die *Richard-Albert-Straße* geradeaus. An der abknickenden Vorfahrtstraße und der Abzweigung der *Schulstraße* fahren wir auf der *Flensburger Straße* weiter geradeaus **(25,6 km)**.

Abstecher: Zum Gut Roest biegen wir hier links ab (2,2 km)

Am Ortsausgang von Kappeln beginnt ein Fuß-/Radweg. Diesem folgen wir bis zum Kreisverkehr **(26,6 km)**, halten uns dort links, biegen am Ortsrand von **Sandbek (26,7 km)** zwei Mal rechts ab (vor und hinter der Bushaltestelle),

radeln auf der *Eulenstraße* am *Mühlenweg* vorbei und halten uns vor dem Löschteich von **Grummark** links **(27,6 km)**. Auf der Straße *Grimsfeld fahren wir* geradeaus **(28,1 km)**, biegen bei **km 28,3** rechts in den Fuß-/Radweg der B 199 ein, queren an der Abzweigung nach Grauhöft **A** die B 199 und biegen links nach **Grauhöft** ein **(29,0 km)**.

An den Sportboothäfen radeln wir vorüber, passieren bei **km 29,8** eine Schranke und fahren am **Hafen von Kappeln** zum Ausgangspunkt zurück. Auf der Hafentreppe können wir die Tour ausklingen lassen

Abstecher: Zum *Museumshafen* und zum *Museumsbahnhof* fahren wir am Hafen geradeaus und queren die Brückenauffahrt der Bundesstraße an der Unterführung.

Kappeln

St. Nikolai zählt zu den wenigen Barockkirchen im nördlichen Schleswig-Holstein und entstand 1793 an Stelle einer älteren Kapelle, von der sich der Ortsname Kappeln ableitet. Der Altar, den J. H. Gudewerdt der Jüngere 1641 im Knorpelbarock schnitzte, stammt aus der ehemaligen Kirche.

Die **Mühle Amanda** wurde als Galerieholländer-Mühle 1888 erbaut. Mit 32 m Höhe ist sie die höchste Mühle Schleswig-Holsteins. Heute beherbergt „Amanda" die Touristinformation sowie ein Trauzimmer des Kappelner Standesamtes.

Neben der Brücke befindet sich Europas letzter **Heringszaun.** In den Boden gerammte Holzpfähle werden mit Weidengeflecht verbunden und bilden ein reusenartiges Gatter. Seit dem Mittelalter fing man in der Schlei mit diesen fest installierten, überdimensionalen Reusen Heringe. Im 17. Jh. befanden sich bis zu 38 solcher Zäune in der Schlei.

Im **Schlei Museum** erfährt der Besucher viel über die maritime Geschichte der Stadt.

Von Mai bis September fährt auf der Strecke Kappeln – Süderbrarup an einigen Tagen die **Museumseisenbahn.**

Im **Museumshafen** am südlichen Hafenende liegen zahlreiche historische Segelschiffe. Auf einigen Schiffen besteht die Möglichkeit, einen Törn mitzusegeln.

Klappbrücke

Seit 2002 öffnet sich die moderne Brücke für den Schiffsverkehr.

SchleiuferTörn

Aus-gangspunkt: Parkplatz am Ortseingang von **Arnis.**

Tourverlauf: Von Arnis über Winnemark – Sieseby – Gut Grödersby zurück nach Arnis.

Bienebek, Lindaunis und Grödersby zurück nach Arnis.

Auskunft: Touristinformation Kappeln
Tel.: 0 46 42-40 27

Gesamtlänge der Tour   **26,0 km**

SchleiuferTörn

In Arnis überqueren wir mit der Fähre die Schlei, radeln auf Wirtschaftswegen in Ufernähe am Gut Bienebek vorüber bis nach Sieseby und können die herrlichen Ausblicke über die Schlei genießen. Bei einem Rundgang durch das romantische Unterdorf von Sieseby mit seinen reetgedeckten Häusern und seiner weiß getünchten Kirche fühlt man sich in eine andere Zeit versetzt.

In Lindaunis überqueren wir ein weiteres Mal die Schlei, dieses Mal auf der Eisenbahnklappbrücke und radeln weiter am Schleiufer zurück nach Arnis.

Leider gibt es auf der landschaftlich sehr reizvollen, aber zeitweise recht stark befahrenen Strecke zwischen Ketelsby und Habertwedt (km 17,7 – km 23,1) keinen Radweg.

Unterwegs entdecken

Bienebek

Im 19. Jh. erwarb der Hamburger Kaufmann Anton Schäffer Gut Bienebek, zu dem auch das Dorf Sieseby gehörte. Er verkaufte später das Anwesen an die herzogliche Familie von Schleswig-Holstein, in deren Besitz noch heute das Gut und der größte Teil des Unterdorfes ist. Das Herrenhaus von 1840 ist im Stil einer Schweizer Villa gebaut. Auffällig ist das Dach des Speichers mit seinen zahlreichen Luken.

Sieseby

Wie ein Märchendorf aus einer anderen Zeit wirken die schmucken reetgedeckten Häuser, die überwiegend in herzoglichem Besitz sind. Die weiß getünchte romanische Kirche aus dem 12. Jh. fügt sich harmonisch in das Ortsbild ein. Ungewöhnliche Reliefs bietet die Renaissance-Kanzel von 1592. Zwischen Allegorien der Tugenden ist u. a. die Steinigung des Stephanus und die Opferung des Isaac dargestellt.

Krieseby

Das 1448 erstmals erwähnte Gut ließ der Eckernförder Kaufmann Christian Otte 1742 im barocken Stil ausbauen. Sehenswert ist der dreigeschossige Glocken- und Uhrenturm auf dem Torhaus von 1749.

Arnis

Beschreibung siehe auf Seite 37

Lindaunis

Beschreibung siehe auf Seite 77

SchleiuferTörn

Betriebszeiten der Fähre:
07.00 – 19.00 Uhr,
im Sommer 07.00 – 22.00 Uhr,
von Dezember bis Februar ruht der Fährbetrieb

Vom Parkplatz am Ortseingang von **Arnis** schwenken wir nach rechts **(0,0 km)** und fahren bis zur *Langen Straße*. In diese biegen wir links ein **(0,1 km)** und gleich wieder rechts zur *Fähre*. An einer der schmalsten Stellen überqueren wir die Schlei und fahren auf der Schwansener Seite geradeaus weiter durch **Sundsacker**. Am **Charlottenhof** halten wir uns rechts **(0,7 km)**, überqueren bei **km 1,3 A** die Kreisstraße und biegen rechts in den Radweg nach Winnemark ein. An der Abzweigung nach Karlsburg radeln wir geradeaus **(2,2 km)**, fahren auf der *Dorfstraße* durch **Winnemark** und biegen hinter dem Gasthaus Victoria

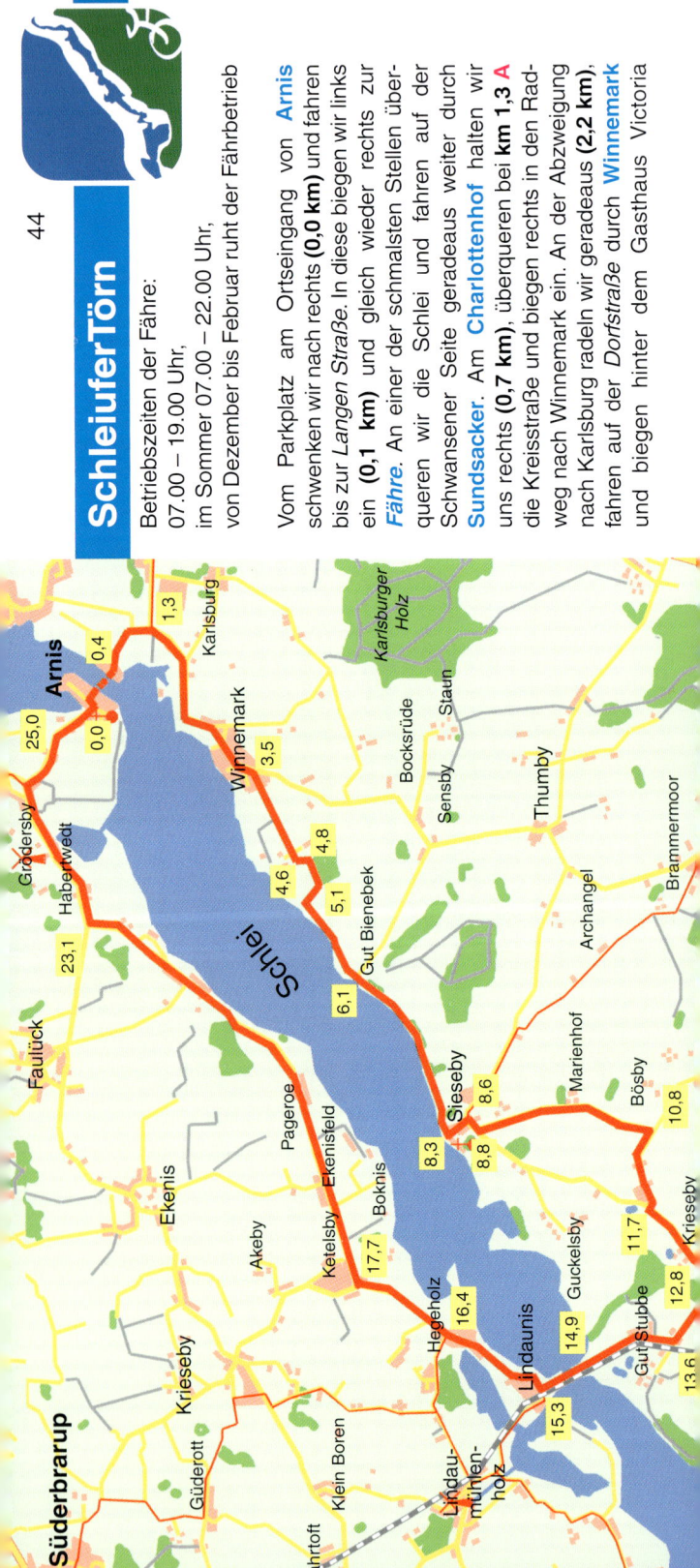

rechts in den *Steinerholzer Weg* ein (3,5 km), der ab km 4,6 in einen Kiesweg übergeht. Am Waldrand halten wir uns rechts (4,8 km), am Ende des Waldstückes noch mal rechts und radeln anschließend am Schleiufer entlang. Am **Gut Bienebek** fahren wir geradeaus (6,1 km) weiter am Schleiufer entlang bis nach **Sieseby** (8,3 km). Dort biegen wir links in die *Dorfstraße* ein, radeln am Schliekrog und der *Kirche* vorüber bis zur Kreisstraße (8,7 km).

Abstecher: Einen Rundgang durch das Dorf mit seinen liebevoll gepflegten, weißen Reetdachhäusern und der weiß getünchten Kirche aus dem 13. Jh. sollte man nicht versäumen.

An der Kreisstraße halten wir uns rechts, verlassen diese nach 100 m wieder, und folgen links dem Wegweiser zum Marienhof (8,8 km). Am **Marienhof** radeln wir vorüber, biegen an der Querstraße *Bösby* rechts ab (10,8 km) und an deren Ende (11,7 km) links in die Kreisstraße. Wir radeln am **Gut Krie-**

seby mit dem auffälligen Torhaus vorbei (12,3 km) und biegen hinter einem Waldstück rechts in den Radweg nach Lindaunis ein (12,8 km). Vor den Bahngleisen in **Stubbe** halten wir uns rechts (13,6 km) und überqueren bei km 14,9 auf der *Eisenbahn-Klappbrücke* die Schlei. **A** Vorsicht bei der Überquerung der Schienen, Sturzgefahr! Überqueren Sie die Bahnschienen immer im Rechten Winkel.

Nachdem wir die Brücke überquert haben, biegen wir in **Lindaunis** rechts nach Kappeln ab. Der Fuß-/Radweg verläuft auf der linken Fahrbahnseite und wechselt bei km 16,4 an der Abzweigung der Straße *Am Nießberg* auf die rechte Fahrbahnseite. Bei km 17,7 biegen wir rechts in die Straße *Ketelsby* ein und folgen den Wegweisern nach Kappeln und Arnis. Wir fahren über **Ekenisfeld**, **Pageroe** und **Karschau** nach **Habertwedt** und biegen bei km 23,1 rechts in den Fuß-/ Radweg der Landesstraße nach Arnis ein. In **Klein-Grö-**

dersby radeln wir an einer *Galeriehollander-Windmühle* vorüber und halten uns an der Abzweigung nach Kappeln rechts (25,0 km), kommen am Segelhafen Arnis vorüber und erreichen am Ortsrand von **Arnis** wieder unseren Ausgangspunkt.

Aus-gangspunkt: Parkplatz an der Kirche in **Brodersby.**

Tourverlauf: Von Brodersby über Ulsnis – Lindauhof – Rieseby und Missunde zurück nach Brodersby.

Auskunft: Touristinformation Brodersby
Tel.: 0 46 22-8 08

Gesamtlänge der Tour   **29,7 km**

SchlemmerTörn

Besonders beeindruckend sind die Streckenabschnitte am Lindauer Noor mit dem Herrenhaus von Lindauhof, bekannt aus der ZDF-Serie „Der Landarzt", sowie die Strecke entlang des Ornumer Noors bis Missunde. Mit der Fähre überqueren wir die Schlei an ihrer engsten und wohl auch geschichtsträchtigsten Stelle. Ein Megalithgrab am Ortseingang von Missunde weist auf die lange Besiedlungsgeschichte dieser reizvollen Landschaft hin.

Unterwegs entdecken

Gut Stubbe
Die barocke Turmhaube auf dem Torhaus wurde nach einem Brand 1914 neu errichtet.

Rieseby
Die spätromanische Backsteinkirche St. Petri entstand um 1220 und gilt als älteste Kirche Schwansens. Die Verkleidung des Altartisches gilt als ältestes Beispiel romanischer Tafelmalerei in Schleswig-Holstein.

Norby-Mühle
In der Windmühle „Anna", einem Galerieholländer von 1911, befindet sich ein Heimatmuseum. Öffnungszeiten:
Samstag und Sonntag 14.00 – 17.00 Uhr

Ulsnis
Die St.-Wilhadi-Kirche aus dem 12. Jh. weist am Südportal und im Sockelmauerwerk einmalige Bildquader auf.

Ulsnis-Museum
Das Heimatmuseum in Ulsnis zeigt eine Sammlung historischer Handwerksgeräte. Geöffnet: April - Oktober, Sonntags von 14.00 – 17.00 Uhr (Tel. 0 46 22-26 73)

Hestoft
Niederdeutsches Bauernhaus von 1756 mit Bauerngarten

Brodersby
Beschreibung siehe auf Seite 83

Missunde
Fast 500 Jahre wurde die Missunder Fähre mit Muskelkraft bewegt. Erst 1969 erhielt sie ihren heutigen Motorantrieb.
Ein Ganggrab der jüngeren Steinzeit um 2300 v. Chr. steht versteckt auf einem Hügel bei Missunde.

Eisenbahnklappbrücke
Beschreibung siehe auf Seite 77

Gut Krieseby
Beschreibung siehe auf Seite 43

Herrenhaus Lindauhof
Beschreibung siehe auf Seite 83

SchlemmerTörn

Ausgangspunkt ist der Parkplatz an der *Kirche* in **Brodersby**. Vom Parkplatz ab **(0,0 km)** fahren wir rechts die Straße leicht bergan, kommen am *Dorfmuseum* vorüber und biegen an der Kreuzung rechts ab **(0,3 km)**. Auf dem Fuß-/Radweg der *Schleidörfer Straße* radeln wir Richtung Ulsnis. In **Goltoft** folgen wir bei **km 2,0** der Rechtsbiegung der *Schleidörfer Straße*, verlassen den Ort und fahren bei **km 3,1** an der Abzweigung zum Niederdeutschen Fachhallenhaus geradeaus.

Abstecher: Rechts zum *Fachhallenhaus von 1756* mit einem liebevoll angelegten Bauerngarten einbiegen und an der folgenden Weggabelung links halten.

Ulsnis durchqueren wir auf der *Schleidörfer Straße*, fahren an der Abzweigung zum Strand und zum *Dorfmuseum* links in Rich-

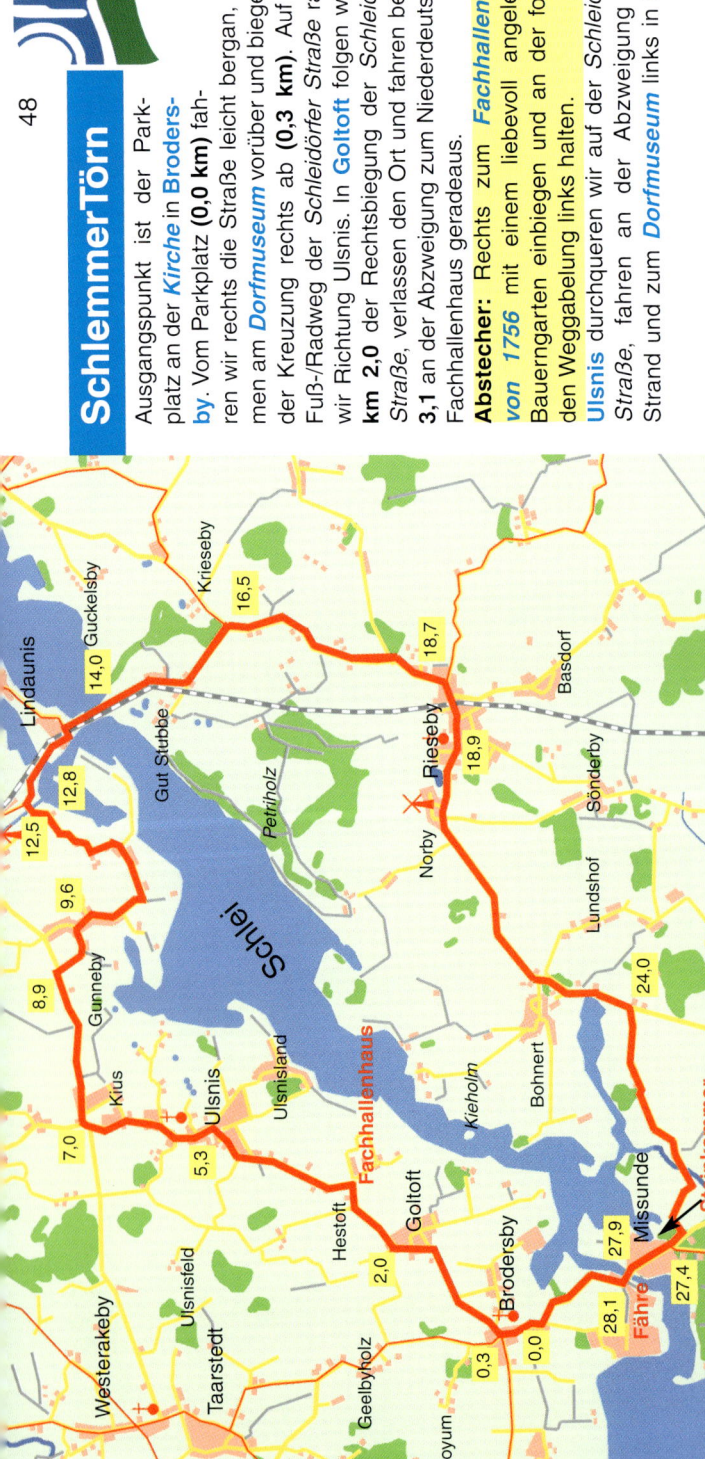

tung Süderbrarup weiter (**5,3 km**), radeln an der *Kirche* (Bildsteine im Sockelmauerwerk) (**5,8 km**) vorüber und biegen in **Kius** rechts nach Lindaunis ab (**7,0 km**). **A** Vorsicht, nach 400 m endet der Radweg.

Bei **km 8,9** biegen wir rechts nach **Gunneby** ein. Im Ort halten wir uns nach einer Linkskurve an der Bauminsel rechts, Richtung Dallacker (**9,6 km**). Am Ortsausgang radeln wir an der Abzweigung zur Badestelle geradeaus, halten uns anschließend vor der Allee zum **Hof Dallacker** links und fahren auf dem kurvenreichen Weg am Sportboothafen sowie dem *Herrenhaus Lindauhof*, das durch die ZDF-Fernsehserie „Der Landarzt" bekannt ist, vorüber (**12,5 km**). Auf einem Damm gelangen wir durch das Feuchtgebiet des *Lindauer Noors* zur Landstraße (**12,8 km**), schwenken nach rechts, radeln weiter am Noor entlang und biegen an den Bahngleisen rechts nach Eckernförde ab (**14,0 km**). Auf der historischen *Eisenbahn-*

Klappbrücke überqueren wir die Schlei. **A** Vorsicht beim Überqueren der Bahngleise, Sturzgefahr! Wir radeln an Obstplantagen vorüber und halten uns an der Abzweigung zum **Gut Stubbe** links (**15,6 km**).

Abstecher: Zur Badestelle und zum Gut Stubbe biegen wir rechts ein, überqueren die Gleise und fahren immer geradeaus am Gut vorüber bis zum Schleiufer.

Bei **km 16,5** biegen wir rechts in den Radweg der Landstraße nach Rieseby ein, fahren in **Rieseby** an der Abzweigung nach Eckernförde geradeaus (**18,7 km**), überqueren die Bahngleise (**18,9 km**) und fahren an der *Kirche* vorüber nach Norby. Dort führt der Weg an der *Mühle „Anna"* vorüber, in der sich ein *Heimatmuseum* befindet (**20,8 km**). **A** Vorsicht: Bei **km 21,5** endet der Radweg. **Bohnert** durchqueren wir auf der Kreisstraße, radeln am **Ornumer Noor** vorüber, das sich fast bis zur Straße erstreckt, und biegen anschließend rechts nach **Ornum** ab (**24,0 km**). Faszinierende Ausblicke, eine zau-

berhafte Lindenallee und das **Gut Ornum** erwarten uns auf der Strecke bis zur Straße, die von Kosel nach Missunde führt. In diese biegen wir bei **km 27,1** rechts ab und fahren an der Abzweigung nach **Missunde** geradeaus (**27,4 km**).

Abstecher: Nach **Missunde** biegen wir hier rechts ein (**27,4 km**). Einen Rundgang durch den ehemaligen Fischerort sollte man nicht verpassen. Ein *Steinkammergrab* aus der jüngeren Steinzeit liegt an der ersten Abzweigung von Missunde auf dem Hügel hinter dem Kriegerdenkmal. Es ist von der Straße aus nicht zu sehen.

Die *Missunder Schleiffähre* bringt uns an der engsten Stelle der Schlei wieder nach Angeln (**28,1 km**). Wir radeln am Fährhaus Missunde und an der Abzweigung Burg geradeaus und erreichen an der Kirche in **Brodersby** wieder unseren Ausgangspunkt.

WikingerTörn

Aus-gangspunkt: Parkplatz am Wikinger-Museum in **Haddeby**.

Tourverlauf: Von Haddeby über Fahrdorf, Borgwedel, Güby, Fleckeby, Missunde, Winningmay und Schleswig zurück nach Haddeby.

Auskunft: Touristinformation Schleswig
Tel.: 0 46 21-93 68 20

Gesamtlänge der Tour **38,0 km**

WikingerTörn

Vom Wikinger Museum in Haithabu führt die Tour über den Damm zwischen Schlei und Haddebyer Noor nach Fahrdorf. Von Borgwedel geht es über Louisenlund rund um die innere Schlei mit der Großen- und Kleinen Breite.

In Missunde überqueren wir die Schlei an ihrer engsten Stelle und radeln über Brodersby nach Winningmay (Badestelle). Über eine herrliche Allee gelangen wir zum Radwanderweg „Alte Kreisbahntrasse", auf der wir zur alten Domstadt Schleswig gelangen. Hier erwarten den Radwanderer zahlreiche Sehenswürdigkeiten: Neben der sehr schön restaurierten Altstadt mit dem Rathausmarkt sind Dom, Schloss Gottorf, das Globushaus im Barockgarten und die Fischersiedlung Holm einen Besuch wert.

Unterwegs entdecken

Missunde

Fast 500 Jahre wurde die Missunder Fähre mit Muskelkraft bewegt. Erst 1969 erhielt sie ihren heutigen Motorantrieb.

Ein Ganggrab der jüngeren Steinzeit um 2300 v. Chr. steht versteckt auf einem Hügel bei Missunde

Louisenlund

Das klassizistische Herrenhaus wurde 1776 für den Landgrafen Carl von Hessen erbaut. Zu Ehren seiner Frau Louise, der Schwester des dänischen Königs Christian VII., nannte er das Anwesen Louisenlund. Heute ist hier ein Internat untergebracht.

Schleswig

siehe Seite 98

Wikinger-Museum Haithabu

Nachdem die archäologischen Ausgrabungen im Haddebyer Siedlungsgebiet und dem angrenzenden Hafengebiet 1980 vorläufig abgeschlossen wurden, eröffnete 1985 das Wikinger-Museum Haithabu in unmittelbarer Nähe der historischen Wikinger-Siedlung. Das Museum informiert in einer 2010 neu gestalteten Ausstellung über den derzeitigen Forschungsstand und gibt dem Besucher Einblick in das Leben der Menschen während der Wikingerzeit. Die Fundstücke zu den einzelnen Sachthemen reichen von Haushaltsgeräten über Bekleidung, Hausbau und Verteidigung bis zu kunstvoll gefertigten Schmuckstücken. Die archäologischen Funde werden durch Modelle, Graphiken und moderne Medien anschaulich erläutert und geben einen Eindruck vom Alltagsleben vor 1000 Jahren in Haithabu. In einem Raum werden an den Runensteinen die alten Schriftzeichen und die ungewöhnliche Reihenfolge der Schriftzeilen erläutert.

Innerhalb des Ringwalls im alten Siedlungsgebiet sind die rekonstruierten Wikinger-Häuser zu bestaunen, in denen zeitweilig Tischler, Weber und Steinmetze nach alter Tradition handwerkliche Arbeiten verrichten.

Wikinger-Törn

Ausgangspunkt ist der Parkplatz an der B 76 vor dem *Wikinger-Museum* in Haddeby **(0,0 km)**. Von dort führt ein Radweg zum *Wikinger-Museum*, zum *Ringwall von Haithabu* und zu den rekonstruieren *Wikinger-Häusern*.

Anschließend fahren wir an der *Feldsteinkirche* von Haddeby vorbei zur B 76, überqueren die Bundesstraße vor dem *Historischen Gasthaus* und biegen rechts in den fahrbahnbegleitenden Radweg nach Fahrdorf ein. An der nächsten Kreuzung **(1,2 km)** biegen wir

Goltoft

21,8

20,0
Missunde

Fähre

Brodersby

Weseby

16,6

14,3
Götheby

Geel

Füsing

Große Breite

Louisenlund

Fleckeby

11,9

25,5
Allee

Winningmay

Borgwedel

Güby

9,8

Schlei

26,6

7,7

Moldenit

Stexwig

5,1

6,2

26,9

Kleine Breite

Fahrdorf

Loopstedt

Selker Noor

Holm

1,2

Wikinger Museum

Wikinger Häuser

Wedelsprang

31,0

Dom

Haddeby

0,0

Schleswig

34,4

Schloss

Busdorf

links nach *Fahrdorf* ab und fahren geradeaus durch den Ort. *Fahrdorf* liegt direkt am Schleiufer und verfügt über eine *Badestelle* (Abzweigung Strandweg) **(2,5 km)**. Anschlie-ßend folgt eine sanfte aber lange Steigung, bis wir links nach *Stexwig* **(5,1 km)** abbiegen und bergab in den Ort rollen.

An dem kleinen *Bootshafen* **(5,9 km)** fahren wir vorüber, folgen anschließend der Rechts-kurve der *Dorfstraße* und biegen bei **km 6,2** links in die *Bäderstraße* ein. Bei **km 7,7** schwenken wir links in die *Ringstraße*, errei-chen *Borgwedel* und biegen an der Baumin-sel links in den *Etkersbargredder* **(8,6 km)** ein. Nach weiteren 500 Metern biegen wir rechts in die Kreisstraße ein und schwenken bei **km 9,8** links nach *Güby*.

Dort halten wir uns an der großen Eiche links, fahren an der Abzweigung zur B 76 gerade-aus und schwenken nach 50 m rechts in Richtung Louisenlund. Nachdem wir bergab gerollt sind, fahren wir eine kurze Strecke

leicht bergan, schwenken an der nächsten T-Kreuzung **(11,9 km)** nach rechts und nach wenigen Metern links in den fahrbahnbeglei-tenden Radweg der B 76. Wir passieren *Fleckeby*, fahren an der Abfahrt nach Göthe-by vorbei und biegen gleich darauf an der Fußgängerampel links in einen Sandweg ein **(14,3 km)**. Nach 300 m radeln wir gerade-aus, erreichen das *Schleiufer (Badestelle)* und folgen dem teilweise weichen Sandweg mit herrlichen Aussichten über die *Große Breite*.

In *Weseby* **(16,6 km)** erreichen wir wieder einen Asphaltweg und biegen an der Kreu-zung rechts in Richtung Kosel ab. Wir verlas-sen den Ort, halten uns bei **km 17,3** links und radeln auf einer schmalen Straße durch ein Waldgebiet. An der Vorfahrtstraße biegen wir links ab in Richtung Missunde **(19,3 km)**. Nach 100 m befindet sich rechts auf den klei-nen Hügel eine *Steinkammer* aus der jünge-ren Steinzeit (etwa 2500 v. Chr.). Anschlie-

Bend radeln wir zur *Schleiffähre Missunde* hinunter **(20,0 km)**. Auf beiden Seiten der Schlei laden Restaurants zu einer Pause am Schleiufer ein. Wir überqueren die *Schlei* auf der Seilfähre und radeln auf der Angeliter Schleiseite geradeaus weiter nach *Broders-by*. Ein Besuch der kleinen *romanischen Kirche* mit dem hölzernen Glockenturm ist lohnenswert. Neben der *Granittaufe* ist ein Schalenstein aus der jüngeren Steinzeit in die Kirchenwand eingemauert. Wir kommen am *Dorfmuseum* vorüber und biegen an der Kreuzung in *Brodersby* **(21,8)** links in die *Schleidörfer Straße* ein (Richtung Schleswig). In *Füsing* biegen wir links nach Winningmay ein, schwenken bei **km 25,5** vor einer Sack-gasse nach rechts und erreichen in *Winning-may* das *Schleiufer* **(26,6 km)** *(Badestelle)*. Hier halten wir uns rechts, radeln weiter auf dem Plattenweg über den Deich und über-queren die *Füsinger Au* **(27,4 km)** auf einer Holzbrücke. Nach 100 m schwenken wir vor einem einzelnen Haus nach rechts, vor dem *Reiterhof* St. Georg nochmal nach rechts und radeln durch eine herrliche *Allee* zur *Scheidörfer Straße* (26,3 km). Hier schwenken wir links in den fahrbahnbegleitenden Radweg, nach 400 m rechts in die *Winninger Straße* und erreichen nach weiteren 200 m den ehemaligen Haltepunkt der Kleinbahn in **Winning** (26,9 km). Hier schwenken wir links in den Sand- und Grasweg der ehemaligen *Kreisbahntrasse*, die heute als Radweg Schleswig mit Süderbrarup verbindet (**A** nicht auf die parallel verlaufende Straße schwenken). Auf der Kreisbahntrasse überqueren wir eine Brücke, fahren am Gelände *Auf der Freiheit* mit dem dänischen Gymnasium vorüber und erreichen in **Schleswig** die Abzweigung zur Fischersiedlung Holm Wir folgen dem Wikinger-Friesen-Weg geradeaus, schwenken bei **km 31,0** nach links, überqueren eine kleine Holzbrücke und fahren geradeaus in den schmalen Fuß-/Radweg.

Nach 50 m gelangen wir zur Kreuzung *Königstraße*, befinden uns nun mitten in der *Altstadt von Schleswig* und folgen dem Radwegweiser links zum *Dom*. Vor der Touristeninformation schwenkt der Radweg nach rechts.

Abstecher: Für einen Stadtbummel durch die *Altstadt*, zur *Fischersiedlung Holm* und zum *Dom* halten wir uns links.

Anschließend fahren wir zur Touristinformation zurück und folgen dem Wikinger-Friesen-Weg und der WikingerTour bis zur Kreuzung. Hier schwenkt der Weg nach links und führt parallel zur Fußgängerstraße auf der *Königstraße* zum *Schloss Gottorf*. Empfehlenswerter ist es, das Rad durch die Fußgängerstraße *Stadtweg* zu schieben und anschließend mit einem Links-rechts-Schwenk wieder auf die *Königstraße* zu gelangen.

Am *Schleiufer* entlang erreichen wir *Schloss Gottorf* (34,4 km).Dort schwenken wir nach links, und radeln am Landgericht

vorüber bis zur Unterführung. Mit einem Links-rechts-Schwenk kommen wir am *Stadtmuseum* und einigen Geschäften vorbei. Schließlich überqueren wir eine Straße, fahren geradeaus Richtung Kropp/Busdorf, schwenken nach 100 m links in den Radweg nach Haddeby, radeln durch eine Unterführung, kommen am *Strandcafé Marienbad* vorbei und radeln am Schleiufer nach **Haddeby**. Dort schwenken wir nach links und überqueren vor dem *Historischen Gasthaus* die Bundesstraße (37,6 km). An der *Feldsteinkirche* vorbei gelangen wir wieder zu unserem Ausgangspukt beim *Wikinger-Museum*.

Berg&TalTour

Aus-gangspunkt: Bahnhof in **Sörup.**

Tourverlauf: Von Sörup über Schwensby, Grundhof, Dollerup, Quern, Westerholz und Sterup zurück nach Sörup.

Auskunft: Touristikverein Sörup am Süden-see, Tel.: 0 46 35-12 77

Gesamtlänge der Tour   **27,5 km**

Berg&TalTour

Diese Tour führt durch die eiszeitlich geprägte Hügellandschaft Angelns zum Landschaftsmuseum Unewatt. Aber keine Angst, das Erklimmen der „Berge" erfordert keine übermäßige Anstrengung. Der 70 m hohe Scheersberg ist die höchste Erhebung auf dieser Tour. Vom Bismarckturm auf dem Scheersberg können wir den Blick weit über das Land und über die Förde bis zur dänischen Halbinsel Broager schweifen lassen.

Unterwegs entdecken

Sörup

Beschreibung siehe auf Seite 67

Schwensby-Mühle

Die Mühle vom Typ des Galerieholländers wurde 1883 als reiner Holzbau errichtet und ist mit Holzschindeln eingedeckt. Nach der Restaurierung ist die Windmühle wieder betriebsbereit. Am Mühlentag, jeweils am Pfingstmontag, ist die Mühle zu besichtigen.

Unewatt

Beschreibung siehe Seite 17

Bismarckturm

Beschreibung siehe Seite 19

Quern

Beschreibung siehe Seite 19

Apfelweg Hohenwichte.

Die Fläche entlang des Weges Hohenwichte wurde früher vom Gärtner Peter Jensen (1902 – 1975) genutzt. Hier pflanzte er um 1940 Obstbäume. Die Bäume geben einen guten Einblick in das Sortiment jener Zeit. Der Feldstreifen entlang des Weges wurde für die vielen verschiedenen Sorten bald zu klein, und Peter Jensen ging dazu über, bis zu drei Sorten auf einen Baum zu pfropfen. So finden wir heute noch zwei Bäume, die jeweils zwei verschiedene Apfelsorten tragen.

Mühle in Nübelfeld

In der reetgedeckten Erdholländer-Mühle von 1841 befinden sich Ferienwohnungen.

Berg & Tal Tour

Ausgangspunkt ist der Bahnhof in **Sörup**. Von der *Bahnhofstraße* biegen wir vor dem Bahnübergang rechts in die *Flensburger Straße* nach Langballig ein **(0,0 km)** und bei **km 0,5** noch mal rechts in den *Schwensbyer Weg*. Am Ortsausgang überqueren wir **A** die *Tarper Straße* **(1,1 km)**, fahren geradeaus Richtung Schwensby und nach 50 m an der Bauminsel weiter geradeaus.

Abstecher: An der Bauminsel zweigt der *Apfelweg Hohenwichte* ab, auf dem man die traditionellen Apfelsorten finden kann.

Wir fahren an der folgenden Kreuzung geradeaus, kommen am **Friedrichshof** (mit Uhrenturm) vorüber **(3,0 km)** und radeln an der Kreuzung *Kappelner Straße* in **Schwensby** weiter geradeaus in die *Dolleruper Straße* **(3,7 km)**.

anschließend dem Linksbogen der Hauptstraße.

Schon bald kommen wir am *Gut Lundsgaard* aus dem 15. Jh. vorüber. Bei **km 9,0** biegen wir gleich hinter dem Saatzuchtbetrieb links ab, radeln etwas bergan, überqueren vorsichtig **A** die B 199 **(9,6 km)** und fahren geradeaus in Richtung Terkelstoft.

Nach 100 m biegen wir rechts ab, radeln an den wenigen Häusern von *Terkelstoft* vorüber und rollen zur *Langballigau* hinunter.

Am *Pahlberg* halten wir uns rechts **(10,3 km)**, biegen noch mal rechts in die *Haffstraße* ein und radeln auf dem Rad-/Fußweg nach *Streichmühle*. Dort fahren wir links in den *Neukirchener Weg* **(11,0 km)** und biegen bei **km 11,5** rechts in die *Schulstraße* ein. An der *Grabstraße* radeln wir vorbei, folgen der Rechtsbiegung der *Schulstraße* und erreichen die B 199 **(12,3 km)**. Diese queren wir **A**, folgen in *Dollerup* der *Hauptstraße* geradeaus bis zur T-Kreuzung **(12,6 km)**. Dort bie-

Abstecher: Zur Mühle biegen wir links ab (ca. 200 m).

An der T-Kreuzung **(4,8 km)** schwenken wir links in die *Alte Geltinger Landstraße*, radeln in Hollewitt an der Abzweigung nach Sörup **(5,4 km)** geradeaus in Richtung Lutzhöft und schwenken an der Bauminsel mit einer

großen Eiche nach rechts **(5,9 km)**. In *Grundhof* fahren wir an der Abzweigung zum Heuotel geradeaus **(6,6 km)**, biegen nach weiteren 400 m vom *Holniser Weg* rechts ab und erreichen die *Feldsteinkirche* mit ihrem trutzigen Ziegelturm **(7,5 km)**. Hier biegen wir rechts in die *Dolleruper Straße* ein und folgen

gen wir links ab, schwenken nach wenigen Metern rechts in die *Fintzenstraße* und radeln an der Weggabelung bei **(13,1 km)** geradeaus (die *Fintzenstraße* zweigt hier rechts ab). Bei **km 13,5** biegen wir an der T-Kreuzung links ab und radeln auf knickgesäumten Wegen weiter zwischen sanft hügeligen Feldern hindurch.

Schließlich geht der Asphaltweg in einen Spurplattenweg über **(14,1 km)**, der nur von Anliegern und Radfahrern befahren werden darf. In **Klein-Quern** fahren wir an der Kreuzung geradeaus, erreichen die Hauptstraße **(16,3 km)**, schwenken rechts in den fahrbahnbegleitenden Radweg und kommen auf dem *Scheersberg* am *Bismarckturm* vorbei. Wer den Aussichtsturm besteigen möchte, erhält gegenüber beim Fitness-Center den Schlüssel. Vom *Bismarckturm* bietet sich eine herrliche Aussicht. Bei klarer Sicht kann man weit über die Förde bis nach Dänemark blicken.

Anschließend rollen wir bergab nach **Quern** und fahren im Ort geradeaus, bis wir bei **km 17,1** die Abzweigung nach Westerholm erreichen. Hier biegen wir links ab und schwenken nach 500 m an der *Kirche* rechts nach Westerholm.

In **Westerholm** fahren wir an der Bauminsel geradeaus **(19,6 km)**, schwenken nach wenigen Metern rechts in den fahrbahnbegleitenden Radweg nach Sterup und rollen das lange Gefälle zur *Lippingau* hinunter. Anschließend radeln wir nach **Sterup** bergan, fahren am Ortsanfang an der Abzweigung nach Esgrus geradeaus und nehmen im Kreisverkehr die zweite Ausfahrt Richtung Ahneby **(21,5 km)**.

Wir radeln auf der Straße *Schnabe*, bis wir bei **km 21,8** rechts in die *Westerstraße* einbiegen und dem Radwegweiser nach Sörup folgen. Bei **km 22,0** biegen wir links in die Straße *Zur Schweiz* ein und rollen die steile Straße zur Au hinunter. Vor einem Gehöft

(22,6 km) biegen wir an der T-Kreuzung rechts ab und an der nächsten T-Kreuzung **(23,5 km)** links in einen Spurplattenweg. Inmitten von Feldern erreichen wir eine Wegkreuzung mit einer Bauminsel **(24,9 km)**. Hier biegen wir rechts in den Weg *Möllmarker Schweiz* nach Sörup ein, radeln etwas bergan und schwenken links in den *Elkierdamm*. Schließlich erreichen wir wieder **Sörup**, radeln an Bauernhöfen und Gewerbebetrieben vorbei bis zur *Bahnhofstraße*. In diese biegen wir links **(27,1 km)** ein und erreichen am Bahnhof von **Sörup** wieder unseren Ausgangspunkt.

WasserscheidenTour

Aus-gangspunkt:
Bahnhof in **Sörup.**

Tourverlauf:
Von Sörup über Sterup, Rügge, Fraulund, Mohrkirch und Satrup zurück nach Sörup.

Auskunft: Touristikverein Sörup am Südensee, Tel.: 0 46 35-12 77

Gesamtlänge der Tour   **32,5 km**

WasserscheidenTour

Auf dieser Tour radeln wir durch eine ausgeprägte Hügellandschaft, durch beschauliche Dörfer und kommen bei Satrup am Satrupholmer Moor vorüber. Auf dieser Tour werden drei Wasserscheiden überquert. Am Südensee, an dessen Nordufer wir entlang radeln, und nach so mancher Steigung bieten sich dem Radwanderer herrliche Panoramen.

Unterwegs entdecken

Sörup
Beschreibung der Kirche siehe Seite 67

Südensee
Am ca. 70 ha großen Südensee gibt es eine Badestelle (im Sommer bewacht).

Sterup
In romanischem und gotischem Stil entstand der sakrale Backsteinbau St. Laurentius in Sterup. Der figurenreiche, spätgotische Schnitzaltar entstand um 1500.

Satrup
Die spätromanische Feldsteinkirche mit Granitquadersockel blieb seit 800 Jahren fast unverändert. Nur der Turm wurde 1903 angebaut. An der Nordwestecke des Turmes befindet sich ein Granitquader mit einem Reiterrelief, das um 1200 entstand. Die Kalksteintaufe stammt aus dem 13. Jh. stammt aus Gotland.
Das **Dorfmuseum** im Satrup-Haus zeigt Fotografien zur Geschichte der Gemeinde.

Wasserscheiden

Vom Südensee, der nur etwa 12 Kilometer von der Ostsee entfernt liegt, fließt das Wasser fast 110 Kilometer weit über Bondenau, Treßsee, Treene und Eider in die Nordsee. Nördlich von Mohrkirch liegt die Wasserscheide zwischen Flensburger Förde und Schlei. Die Lippingau, die auf dieser Tour bei Sterup passiert wird, gilt durch ihren naturnahen Zustand als Kinderstube der Meerforellen.
Zwischen Sörup und Sterup führt die Tour in der Möllmarker Schweiz wieder nahe einer Wasserscheide zwischen Nordsee und Flensburger Förde vorbei. Die Elkierau fließt über den Südensee, die Bondenau, Treene und Eider schließlich in die Nordsee.

Wasserscheiden Tour

Ausgangspunkt dieser Tour ist der Bahnhof in **Sörup (0,0 km)**. Vom Bahnhof schwenken wir rechts in die *Bahnhofstraße* in Richtung Süderbrarup. An der Bauminsel **(0,5 km)** biegen wir rechts in den *Elkierdamm* ein, radeln an einigen Gehöften und Betriebsgebäuden vorüber und schwenken bei **km 2,1** rechts in die Straße *Möllmarker Schweiz*. Nach 500 m biegen wir an einer Wegkreuzung mit Bauminsel **(2,6 km)** links ein, radeln in der Rechtsbiegung des Hauptweges **(3,3 km)** geradeaus in einen Spurplattenweg und schwenken an dessen Ende, vor einem Gehöft **(4,1 km)**, rechts in die Straße *Birristoft*. Schließlich schwenken wir bei

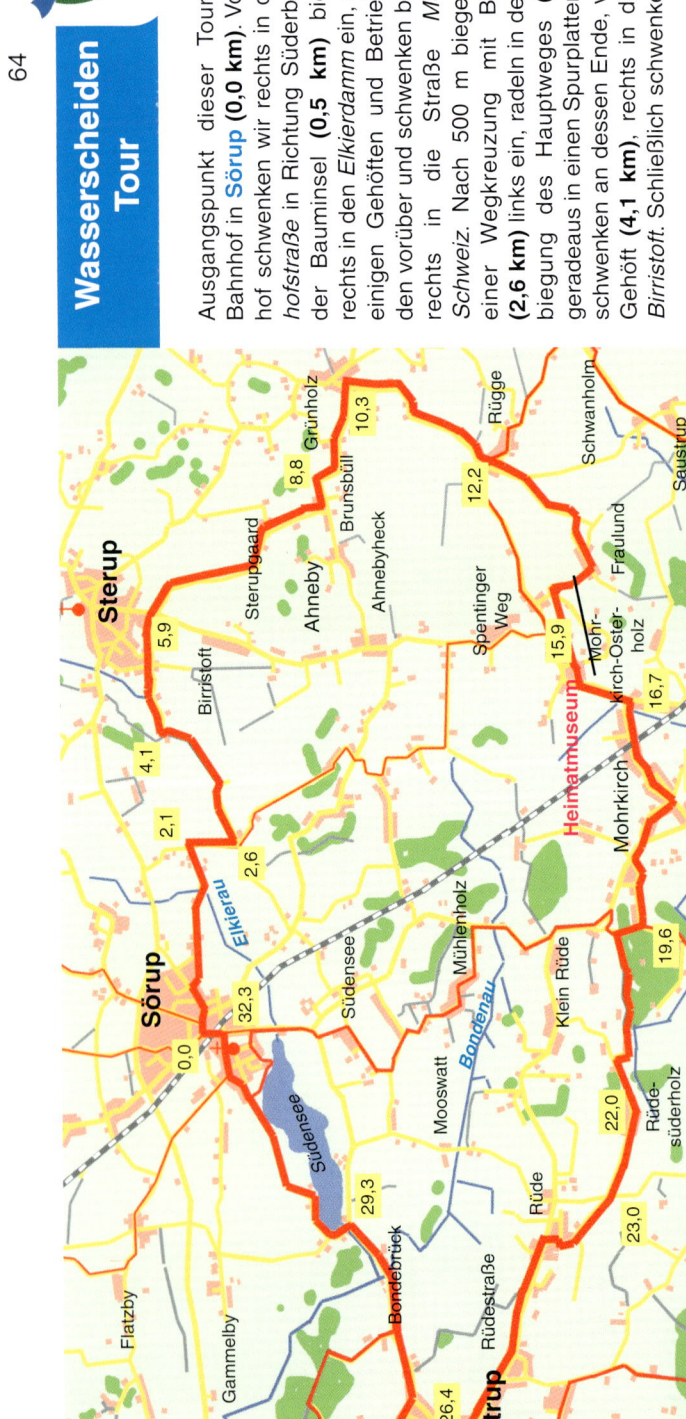

km **5,0** links in die Straße *Zur Schweiz*, rollen zur Au hinunter und radeln anschließend bergan bis zum Ende der Straße *Zur Schweiz* (**5,6 km**). Dort biegen wir rechts ab in die *Westerstraße* und folgen dieser bis zur Vorfahrtstraße *Schnabe* (**5,9 km**). Hier schwenken wir rechts in den fahrbahnbegleitenden Fuß-/Radweg in Richtung Süderbrarup. An der letzten Kreuzung vor dem Ortsende (**6,2 km**) biegen wir links in die Straße *Brunsbüllund* ein, folgen dem knickgesäumten Weg, der sich zwischen Feldern hindurch windet und radeln durch **Martinshöh** (**7,8 km**). Nach weiteren 200 m biegen wir rechts in die Straße *Brunsbüll* ein. Anschließend fahren wir durch ein Gehölz, kommen an verstreut liegenden Häusern vorbei, biegen an der T-Kreuzung vor dem Thomsen-Hof links ab (**8,8 km**) und an der nächsten T-Kreuzung (**10,3 km**) rechts in die Straße *Helle* (links beginnt Grünholz). In **Rügge** fahren wir auf die Straße *Norderlück*

(**12,2 km**) an der Abzweigung nach Moorkirch geradeaus in die Straße *Süderlück*. An der Bauminsel (Abzweigung nach Brarupholz) halten wir uns rechts (**12,3 km**) und können auf dem folgenden Streckenabschnitt das herrliche *Panorama* genießen, bevor wir bei **km 12,7** nochmal rechts nach **Fraulund** einbiegen. Bei **km 14,0** folgen wir dem Radwegweiser geradeaus nach Sörup und biegen nach weiteren 100 m rechts ab. Bei **km 14,8** schwenken wir wieder nach rechts und biegen nach weiteren 100 m links in die *Schmiedestraße* ein. An der Abzweigung nach Ahneby fahren wir geradeaus (**15,4 km**), folgen in **Moorkirch-Osterholz** der Linkskurve der Hauptstraße (**15,9 km**) und kommen am *Heimatmuseum* vorbei. In **Moorkirch** biegen wir an der Bauminsel (**16,7 km**) von der *Schulstraße* rechts nach Satrup ab und neben der Gaststätte Dörpstuv (**18,0 km**) noch mal rechts in die Straße *Am Waschdiek*. Bei **km 18,6** schwenken wir

rechts in die Vorfahrtstraße, nach 300 m **A** überqueren wir diese vorsichtig, radeln links in den *Krämersteen* und fahren in der Linkskurve der Straße geradeaus in den knickgesämten Weg (**19,4 km**). Wir kommen an verstreut liegenden Häusern vorbei und biegen beim letzten Haus rechts ab (**19,6 km**). An der nächsten T-Kreuzung (**19,8 km**) halten wir uns links und radeln durch das *Feuchtgebiet der Kiesperdieker Au*. Bei **km 21,4** biegen wir an der T-Kreuzung links ab, radeln auf der *Süderholzer Straße* (**22,0 km**) durch **Rüde Nordertoften**, überqueren die Vorfahrtstraße (**23,0 km**) und radeln geradeaus weiter in Richtung Satrup. In **Rüde** schwenken wir an der Bauminsel (**23,8 km**) nach links und gleich darauf nochmal links in den fahrbahnbegleitenden Radweg der Hauptstraße (**24,1 km**). Wir erreichen **Satrup** und radeln immer geradeaus bis zur Kreuzung vor der *weiß getünchten Kirche* (**26,4 km**). Hier biegen wir rechts in die *Glücksburger Straße* nach Sörup ein, nach 300 m noch mal rechts in Richtung Sörup und radeln auf dem fahrbahnbegleitenden Radweg bis nach **Sörup-see**.

Dort schwenken wir links in die *See-Ender-Straße* (**29,3 km**) und bekommen einen weiten Blick über den *Südensee*.

An der nächsten Abzweigung biegen wir rechts in die *Gammelbygaarder-Allee* ein (**29,6 km**). Wer hier nur 20 m geradeaus weiter fährt, kann auf dem *Ziegenhof* selbstgemachten Ziegenkäse erhalten.

Der Weg führt durch eine *schattige Allee oberhalb des Sees* entlang. Am Ende der Allee geht die Asphaltstraße in einen Sandweg über und entfernt sich etwas vom Seeufer. An den ersten Häusern von **Sörup** (**31,5 km**) erreichen wir wieder einen Asphaltweg, schwenken nach 200 m links in den *Schwanenweg* und nach weiteren 200 m rechts in die *Schulstraße*. Neben der *romanischen Granitquader-Kirche* (**32,3 km**) biegen wir links ab, überqueren die Bahngleise und erreichen am Bahnhof von **Sörup** wieder unseren Ausgangspunkt.

St. Marien zu Sörup

gilt als die schönste und besterhaltene romanische Granitquader-Kirche aus dem 12. Jh. in Angeln. Die Kirche war ursprünglich königliches Patronat, worauf vermutlich die besonders sorgfältige Bauweise und reichhaltige Ausstattung zurückzuführen ist. Nur in der Söruper Kirche sind auch die Innenwände aus sauber behauenen Granitquadern hergestellt, wo sonst unbehauene Steine nur verputzt und geglättet wurden.

Beachtenswert ist ferner die Apsis, die einzig erhaltene in Granitquader-Bauweise. Von den Säulenportalen ist das Nordportal, der ehemalige Fraueneingang, am besten erhalten. Das Säulenportal am Turmeingang stammt vom ehemaligen Männereingang auf der Südseite. Es wurde bei der Errichtung des spätgotischen Turmes an die Westseite versetzt.

Der Taufstein in Sörup gilt neben dem von Borby (Eckernförde) zu den schönsten, aus Gotland importierten Kalkstein-Taufen. Es wird vermutet, dass Calcarius, ein Schüler des Meisters Sighraf diesen Taufstein Anfang des 13. Jh. herstellte. Der Stein ist durchgehend mit Ornamenten und Bildern aus dem Alten und Neuen Testament bedeckt.

Die Kanzel von Hans Gudewerdt dem Jüngeren stammt von 1663 und gilt als bedeutendes Werk des Knorpelbarocks.

AuenTour

Aus-gangspunkt: bei der Kirche in **Satrup.**

Tourverlauf:
Von Satrup über Rüde, Schnarup-Thumby, Have-toftloit, Havetoft, Hostrup, Groß-Hostrup, Groß-soltholz und Großsolt zurück nach Satrup.

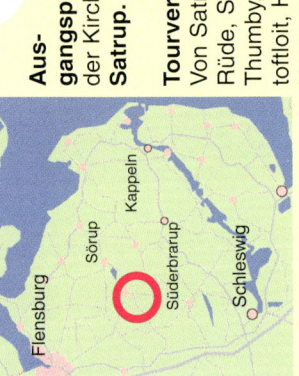

Auskunft: Touristikinformation Schleidörfer
Tel.: 0 46 41-20 47

Gesamtlänge der Tour   **31,5 km**

AuenTour

Diese Tour führt durch eine sanft gewellte Hügellandschaft auf teilweise knickgesäumten Wegen über zahlreiche Auen und durch beschauliche Dörfer. In Dammholm lädt das Dorfmuseum die Besucher zu einem Rundgang ein.

Mit einem Abstecher erreicht man das 35 Hektar große Hechtmoor, das seit 1941 unter Naturschutz steht. Es ist Lebensraum seltener Pflanzen und Tiere.

Unterwegs entdecken

Die Bondenau,

auf die wir bei unserer Tour in Großsolt treffen, ist mit etwa 20 Kilometern die längste Au in Angeln.

Die Hostruper Au,

die wir am Ortsrand von Hostrup überqueren, ist der größte Nebenarm der Treene.

Die Ekeberger Au

fließt über die Ülsberger Au, Wellspranger Au, Boholzer Au, Loiter und Füsinger Au bei Winningmay in die Schlei.

Satrup

Die spätromanische Feldsteinkirche mit Granitquadersockel blieb seit 800 Jahren fast unver-

ändert. Nur der Turm wurde 1903 angebaut. An der Nordwestecke des Turmes befindet sich ein Granitquader mit einem Reiterrelief, das um 1200 entstand. Die Kalksteintaufe aus dem 13. Jh. stammt aus Gotland.

Das **Dorfmuseum** im Satruphuus zeigt Fotografien zur Geschichte der Gemeinde.

Pinnes' Grab im Süderholz

Der Sage nach soll der Seeräuber Pinnes hier begraben sein. Einige Steine liegen noch auf dem unscheinbaren Hügelgrab.

Satrupholm

Nur ein Teil des Burggrabens ist von dem Gut, das 1423 erstmals erwähnt wurde, noch erhalten. 1770 wurde der Gutsbesitz durch eine königliche Verordnung aufgelöst und parzellenweise an Bauern verkauft.

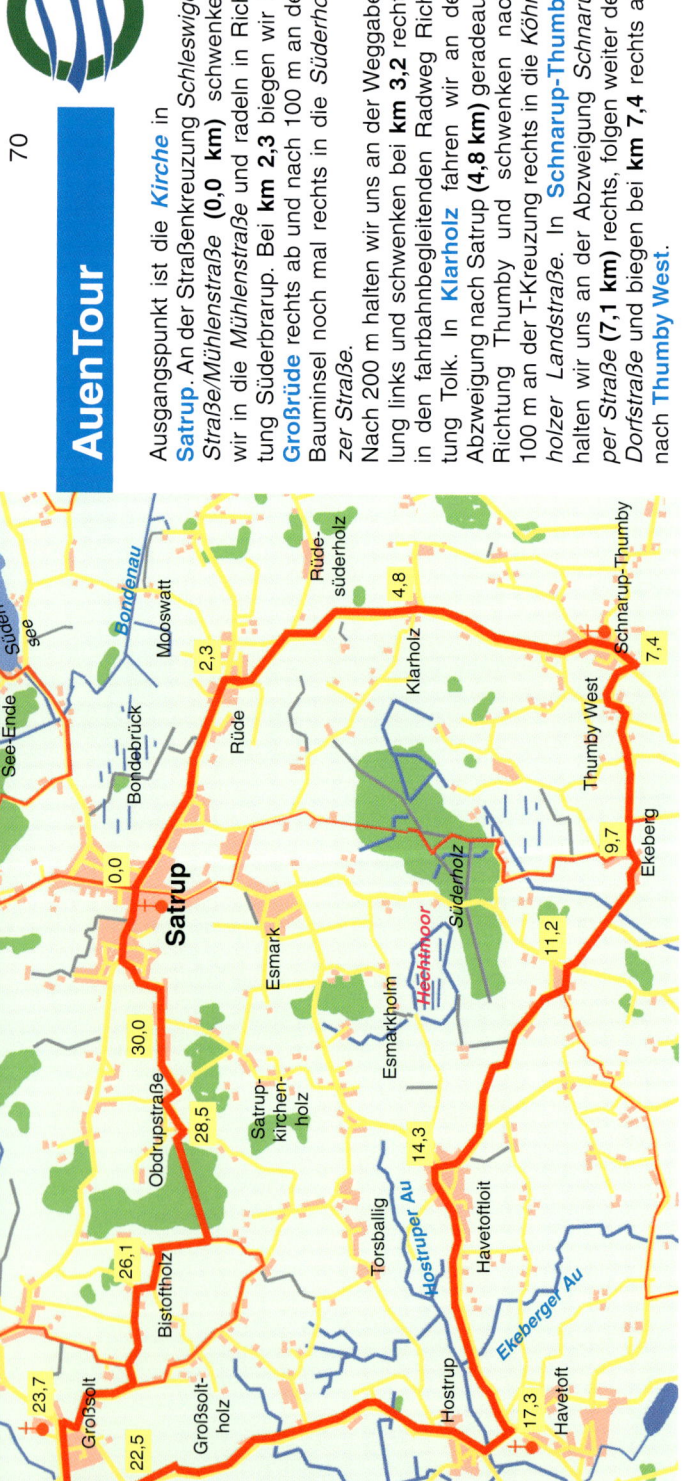

AuenTour

Ausgangspunkt ist die *Kirche* in **Satrup**. An der Straßenkreuzung *Schleswiger Straße/Mühlenstraße* **(0,0 km)** schwenken wir in die *Mühlenstraße* und radeln in Richtung Süderbrarup. Bei **km 2,3** biegen wir in **Großbrüde** rechts ab und nach 100 m an der Bauminsel noch mal rechts in die *Süderholzer Straße*.

Nach 200 m halten wir uns an der Weggabelung links und schwenken bei **km 3,2** rechts in den fahrbahnbegleitenden Radweg Richtung Tolk. In **Klarholz** fahren wir an der Abzweigung nach Satrup **(4,8 km)** geradeaus Richtung Thumby und schwenken nach 100 m an der T-Kreuzung rechts in die *Köhnholzer Landstraße*. In **Schnarup-Thumby** halten wir uns an der Abzweigung *Schnaruper Straße* **(7,1 km)** rechts, folgen weiter der *Dorfstraße* und biegen bei **km 7,4** rechts ab nach **Thumby West**.

Bei **km 8,2** halten wir uns an der Weggabelung rechts, folgen weiter dem Hauptweg und fahren an der T-Kreuzung vor einem Gut einen Links-rechts-Schwenk. Wir erreichen **Ekeberg**, halten uns im Ort **(9,7 km)** links und folgen weiter dem Hauptweg.

Bei **km 11,2** schwenken wir rechts in den fahrbahnbegleitenden Radweg der Landesstraße und nach 150 m an der Bauminsel links in die *Schmiedestraße* nach Dammholm. Nach weiteren 150 m biegen wir rechts in den *Stellmacherweg* **(11,5 km)** nach Havetoftloid ein, halten uns an der nächsten Weggabelung **(12,6 km)** rechts, überqueren **A** vorsichtig die Vorfahrtstraße **(13,3 km)** mit einem Links-rechts-Schwenk und biegen anschließend rechts ab.

In **Havetoftloit** schwenken wir an der T-Kreuzung **(14,3 km)** nach links und fahren bis **Havetoft**. Im Ort biegen wir an der Kreuzung rechts in die *Eckernförder Landstraße* **(17,3 km)** ein und kommen gleich darauf an der *Kirche* vorbei (das kleine Kreuz an der

Giebelwand soll die Mitte zwischen Schleswig und Flensburg kennzeichnen). Schließlich erreichen wir **Hostrup (17,8 km)**, überqueren am Ortsanfang die *Hostruper Au*, radeln auf dem fahrbahnbegleitenden Radweg in Richtung Großsolt und passieren **Großsoltholz (21,4 km)**.

Bei **km 22,5** überqueren wir **A** vorsichtig die *Neue Straße*, fahren geradeaus in die Straße *Am Sportplatz* und erreichen **Großsolt**.

An der Abzweigung nach Oversee **(22,9 km)** folgen wir der Rechtskurve, schwenken vor der Brücke über die *Bondenau* **(23,1 km)** rechts in die Straße *Am Kirchberg* ein, radeln den Kirchberg hinauf und kommen an der weiß getünchten *Kirche* vorbei. Anschließend schwenken wir **A** vorsichtig rechts in den fahrbahnbegleitenden Radweg der Vorfahrtstraße **(23,7 km)** und nach 200 m links nach Torsballig. An der Abzweigung bei **km 24,8** biegen wir links ab und an der nächsten T-Kreuzung **(25,1 km)** rechts. Wir radeln an den wenigen Häusern von **Bistoftholz** vorüber

(25,5 km), halten uns nach 100 m an der nächsten Weggabelung rechts, schwenken an der T-Kreuzung neben einem Geflügelhof **(26,1 km)** nach rechts und nach weiteren 200 m links in den *Pappelweg*. An der Bauminsel **(26,8 km)** biegen wir rechts ab, verlassen am Ortsende von **Bistoft** den Asphaltweg und biegen links in den langen, geraden Waldweg ein. Am Ende des Waldes **(28,5 km)** erreichen wir wieder eine Asphaltstraße und halten uns an der nächsten T-Kreuzung **(28,7 km)** links. Bei **km 29,0** schwenken wir rechts in die Straße *Nackholz*, biegen vor einem Gehöft **(29,2 km)** links in die Straße *Mühlenholz* ein und fahren an der Abzweigung nach Kirchenholz **(30,0 km)** geradeaus. Ein knickgesäumter Weg führt uns an einem Neubaugebiet von **Satrup** entlang. Wir schwenken links in den *Mühlenholzer Weg* und bei **km 31,0** rechts in den fahrbahnbegleitenden Rad-/Fußweg der *Flensburger Straße*.

An der *Kirche* von **Satrup** erreichen wir wieder unseren Ausgangspunkt.

GulythingTörn

Aus-gangspunkt:
Mühle Amanda in Kappeln.

Tourverlauf:
Von Kappeln über Scheggerott, Wippendorf, Stangheck, Stoltebüll und Sand-bek zurück nach Kappeln.

Auskunft: Touristikinformation Kappeln
Tel.: 0 46 42-40 27

Gesamtlänge der Tour **32,5 km**

GulythingTörn

Von der Mühle Amanda in Kappeln führt die Tour am Gut Roest vorüber. Zwischen saftigen Wiesen und, je nach Jahreszeit, leuchtenden Rapsfeldern oder reifenden Getreidefeldern radeln wir durch eine sanft geschwungene Landschaft zum Guly-Thingplatz bei Gulde. Ein rekonstruierter Steinkreis, Runenstein und eine Steinkammer entführen den Besucher in eine Jahrtausende alte Kultur.

Weiter führt die Tour durch verträumte Dörfer zurück nach Kappeln. Mit einem Bummel durch die Fußgängerstraße, zur „Landarztkneipe" und weiter zum Hafen mit bunten Fischerbooten, Ausflugsschiffen und historischen Segelbooten können Sie die Tour ausklingen lassen.

Unterwegs entdecken

Guly-Thing

Der ursprüngliche Thingplatz befand sich etwa zwei Kilometer vom jetzigen Standort entfernt. Der Thing diente früher als Versammlungsort, an dem die gewählten Männer einer Gemeinschaft berieten und Recht sprachen.

Ein Thingplatz bestand meist aus einem Steinkreis von etwa zwölf Metern Durchmesser mit einem „heiligen" Baum in der Mitte.
Neben dem Thingplatz stehen ein rekonstruierter Runenstein aus der Wikingerzeit und ein Dolmengrab aus der jüngeren Steinzeit.

Kappeln

Beschreibung siehe auf Seite 41

Gut Roest

Vom 16. – 18. Jh. bestimmten die Herren von Gut Roest über Kappeln. Ursprünglich lag die Hofanlage auf einer Insel und ging aus einem eigenständigen Rittergut des 13. Jh. hervor. Es ist das einzige Gut in Angeln, das noch mit allen Wirtschaftsgebäuden komplett erhalten geblieben ist. Das Herrenhaus, 1590 erbaut, wurde 1641 erweitert. Einmalig in Angeln ist der Fachwerkbau des Wasch- und Backhauses aus dem 17. Jh.

Gut Frauenhof

Die Hofanlage entstand vermutlich um 1500. Als eines der letzten in Fachwerk erhaltenen Torhäuser gilt das reetgedeckte Torhaus von Gut Frauenhof. Das Gutshaus, ebenfalls reetgedeckt, stammt von 1757.

Töstrup

Aus dem späten 12. Jh. stammt die kleine, zierlich wirkende Feldsteinkirche mit ihrem schlanken Dachreiter. Der spätgotische Schnitzaltar mit zahlreichen Figuren der Kreuzigungsszene entstand um 1520.

GulythingTörn

Ausgangspunkt ist die *Mühle Amanda* in **Kappeln (0,0 km)**, von dort schwenken wir rechts in die *Schleswiger Straße* und biegen nach 300 m rechts in den fahrbahnbegleitenden Radweg der *Nordstraße* (B 199) ein. An der nächsten Kreuzung (0,7 km) schwenken wir links in die Flensburger Straße und radeln an der abknickenden Vorfahrtstraße **(1,3 km)** geradeaus in die *Schulstraße*.

Vor dem **Gutshof Roest** biegen wir rechts in den Wanderweg ein **(2,7 km)**, treffen in **Roesterfeld** auf eine Querstraße **(4,5 km)**, biegen links ab, fahren in **Rabenkirchenholz** an der Abzweigung nach Faulück geradeaus **(6,4 km)** und biegen direkt vor der Bahnglei-sen **(7,4 km)** rechts ab.

Abstecher: Zur *Kirche* von **Rabenkirchen** geradeaus über die Bahnschienen fahren und an den folgenden beiden Abzweigungen linkshalten. Hinter dem Pastorat führt ein schmaler Weg zur Kirche St. Marien.

Bei **km 7,8** biegen wir links ab, überqueren die Bahngleise und biegen in **Rabenkirchen** rechts in die *Scheggerotter Straße* **(8,3 km)** ein. Bei **km 10,1** fahren wir an zwei hintereinanderliegenden Verkehrsinseln geradeaus.

Abstecher: Zur *Kirche* von **Töstrup** biegen wir hier rechts ab, überqueren die Bahngleise und halten uns an den folgenden zwei Abzweigungen links. Am Richtberg vorüber gelangen wir zur Kirche in Töstrup.

Anschließend schwenken wir rechts in die *Dorfstraße* ein **(10,7 km)**, überqueren ein weiteres Mal die Bahngleise und biegen *An der Kreisstraße* **(11,3 km)** rechts nach **Arrild** ab. Dort fahren wir links in die *Flensburger Chaussee* **(12,4 km)**.

Abstecher: Zum *Gulything*, einem historischen Nachbau, folgen wir dem Wegweiser zum Thingplatz (ca. 1,2 km).

Anschließend radeln wir über **Kragelund** am **Gut Frauenhof** vorüber und biegen in **Schorrehy** rechts nach Lehbek **(15,6 km)** ab. An der Abzweigung nach Schörderup **(18,0 km)** halten wir uns links und biegen anschließend in **Wippendorf** rechts nach Stangheck **(18,4 km)** ab. Auf der *Wippendorfer Straße* erreichen wir **Stangheck (20,6 km)**, schwenken rechts in die *Dorfstraße* und erreichen nach 300 m eine Weggabelung. Wir radeln in Richtung Stoltebüll, fahren an der Abzweigung Stoltebüllholz **(22,1 km)** vorüber und biegen vor dem Ortsschild **Stoltebüll** links in die *Schulstraße* ein **(22,4 km)**. In **Vogelsang** biegen wir bei **km 23,7** rechts ab (links führt der Weg nach Gelting), verlassen den Ort **(24,3 km)** und fahren bei **km 24,6** Richtung Kappeln. **A** Die Landstraße von Kappeln nach Gelting überqueren wir vorsichtig **(26,0 km)** und folgen dem Wegweiser nach Stutebüll. An der Verkehrsinsel biegen wir rechts ab **(26,8 km)**, fahren in **Stutebüll** an der Abzwei-

gung nach Schwackendorf geradeaus **(27,0 km)** und biegen an der Querstraße links ab **(27,4 km)** Richtung Rabel. 100 m hinter dem Ortsende von Stutebüll biegen wir rechts nach Kappeln in die Straße *Grimsfeld* ein **(27,6 km)**. Bei **km 28,8** schwenken wir rechts nach **Sandfeld**, rollen bergab, überqueren bei **km 29,0** einen Wasserlauf und biegen vor einem reetgedeckten Fachwerkhaus nochmals rechts ab **(29,3 km)**. Vor der Vorfahrtstraße biegen wir am Buswartehäuschen links ab **(30,1 km)**, nach 100 m halten wir uns nochmals links und radeln bis zum Kreisverkehr **(30,6 km)**. Hier biegen wir auf dem Radweg rechts ab. **A** Nach 300 m endet der Radweg am Ortseingang von **Kappeln** auf der linken Straßenseite **(30,9 km)**. An der abknickenden Vorfahrtstraße **(31,3 km)** biegen wir links ab und befinden uns nun auf der Flensburger Straße. Zur Mühle Amanda fahren wir auf der gleichen Strecke wie auf dem Hinweg zurück.

LandarztTörn

**Aus-
gangspunkt:**
Der Bahnhof in
Süderbrarup.

Tourverlauf:
Von Süderbrarup
über Norderbra-
rup, Scheggerott,
Kappeln, Grö-
dersby und Lin-
dersby und Lin-
dau zurück nach Süderbrarup.

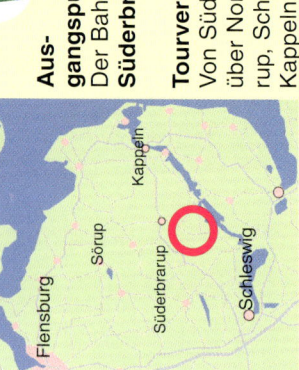

Auskunft: Touristikinformation Schleidörfer
Tel.: 0 46 41-20 47

Gesamtlänge der Tour   **38,0 km**

LandarztTörn

Die Tour führt in Süderbrarup am Thorsberg-moor, einem zentralen Heiligtum der Frühge-schichte Angelns, vorüber. In Norderbrarup ist eine der schönsten romanischen Kirchen in Angeln zu sehen. Zwischen sanft geschwunge-nen Feldern geht es am Gut Roest vorüber nach Kappeln. Hier bietet sich ein Besuch der reizvollen Altstadt, der Mühle Amanda sowie des Hafens mit dem historischen Heringszaun an. Ein Abstecher nach Arnis ist lohnenswert. Weiter führt die Tour am Schleiufer entlang. Von Lindaunis führt ein Abstecher zur „ZDF-Land-arztpraxis". Ab Lindaunis geht es wieder auf Nebenstraßen und Wirtschaftswegen zurück nach Süderbrarup.

Unterwegs entdecken

Wagersrott

In einem denkmalgeschützten Bauernhaus von 1635 ist die „Volkskundliche Sammlung Hollän-derhof" eingerichtet. Tel.: 0 46 41-22 92

Lindaunis

Auf der Eisenbahnklappbrücke, die 1920 grundlegend erneuert wurde, müssen sich Eisenbahn, Autos, Fahrräder und Fußgänger eine Fahrspur teilen. Für Schiffe öffnet sich die Brücke einmal in der Stunde und klappt ihren gewaltig wirkenden nördlichen Teil hoch.

Boren

Neben dem vorchristlichen Thingplatz steht die spätromanische Backsteinkirche. Sie erhielt wahrscheinlich bei der Renovierung 1938–48 ihre alte Form mit der bemalten Balkendecke zurück. Der Taufstein stammt noch aus der spätromanischen Zeit, das Kruzifix entstand um 1500, die Kanzel um 1710. Den hölzernen Glockenturm erhielt die Kirche 1764. Im Chorraum steht der Grabstein des Ritters Ratlov und seiner Frau vom Gut Lindau aus dem Jahr 1551. Die Gutsherren von Lindau hatten von der Reformationszeit bis 1784 das Patronatsrecht über die Kirche.

Klein Grödersby

Galeriehollländer-Mühle von 1885

Kappeln

Beschreibung siehe Seite 41

Arnis

Beschreibung siehe Seite 37

Süderbrarup

Beschreibung siehe Seite 81

Landarztpraxis

Beschreibung siehe Seite 83

LandarztTörn

Die Radtour beginnt am Bahnhof in **Süderbrarup**. Von dort biegen wir links in die *Bahnhofstraße* ein und folgen dieser in nördlicher Richtung. Am Ortsausgang von Süderbrarup kommen wir am *Thorsbergmoor* und dem Grabhügel *Kummerhy* aus der Bronzezeit vorbei, queren die Gleise der Museumsbahn und fahren weiter nach **Norderbrarup**. Wir bleiben auf dem Fuß-/Radweg der Landstraße, halten uns an der Abzweigung der *Ruruper Straße* mit der großen Kastanie rechts (**2,2 km**), kommen an der *Kirche* vorüber und fahren an der Abzweigung nach Wagersrott geradeaus.

Abstecher: Zum *Museum* rechts nach **Wagersrott** abbiegen. Wenn man nach dem Museumsbesuch nach Scheggerott fährt, trifft man bei **km 8,9** wieder auf die beschriebene Route.

und überqueren die Bahngleise. Bei **km 9,5** halten wir uns links und fahren auf der *Schulstraße* in Richtung Rabenkirchen. Nach einer Rechtsbiegung radeln wir an zwei dicht hintereinanderliegenden Verkehrsinseln geradeaus weiter nach Rabenkirchen auf der Straße *Scheggerottsdamm*. In **Rabenkirchen** biegen wir an der Vorfahrtstraße links ab **(11,9 km)**, überqueren die Bahngleise und biegen sofort rechts ab **(12,4 km)**. Nach 400 m schwenken wir neben einem weiteren Bahnübergang nach links **(12,8 km)**.

Abstecher: Zur **Kirche** nach **Rabenkirchen** biegen wir rechts ab, queren die Bahngleise, biegen an der ersten Straße links ab, an der nächsten nochmals links und kommen am reetgedeckten Pastorat vorüber. Neben dem Pastorat führt links ein Grasweg zur Kirche.

Bei **km 13,8** halten wir uns links, biegen vor einem einzelnen Anwesen noch mal rechts

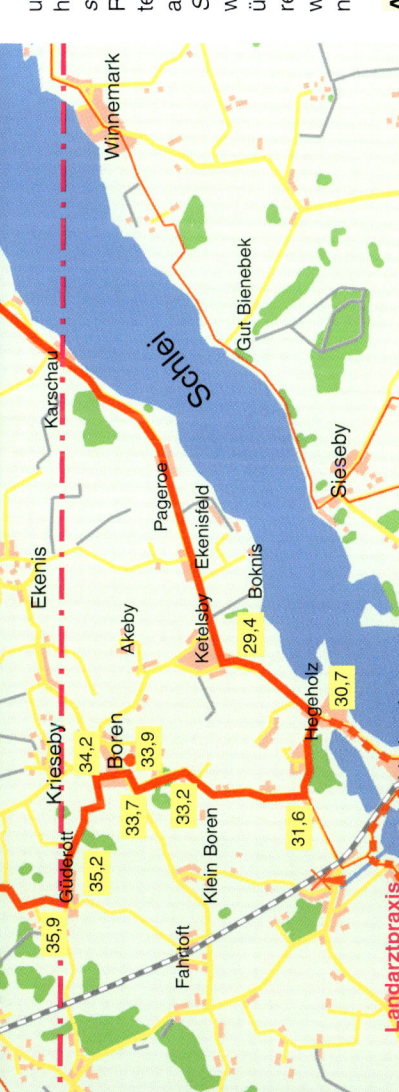

An den Abzweigungen nach Fraulund und Rügge fahren wir geradeaus. **A** An der Abzweigung nach Rügge endet der Radweg. Bei **km 5,6** biegen wir rechts in die Straße *Schwanholm* ein, halten uns an der Abzweigung nach Wagersrott links **(6,0 km)**, fahren

an der Gärtnerei vorüber und biegen anschließend rechts ab **(6,1 km)**. In **Brarupholz** fahren wir an zwei Abzweigungen geradeaus **(7,0 km)** nach **Scheggerott**. Dort überqueren wir die Straße *An der Kreisstraße* **(8,9 km)**, radeln auf der *Dorfstraße* geradeaus weiter

ab (**16,3 km**) und erreichen **Gut Roest**. Am Gut (**17,5 km**) biegen wir links ab und gelangen nach **Kappeln-Mehlby**. Neben einem Teich mündet die *Schulstraße* in die *Flensburger Straße*.

Abstecher: Zur **Innenstadt von Kappeln**, zur *Mühle Amanda* und zum *Hafen* fahren wir geradeaus weiter, queren die B 199 und erreichen an der *Schmiedestraße* (Fußgängerzone) die Innenstadt.

Hier biegen wir rechts in die *Richard-Albert-Straße* ein (**18,9 km**), fahren bei **km 19,2** geradeaus in den Fuß-/Radweg *Schoolstieg*, überqueren anschließend an der Ampel die B 201 (**19,7 km**) und fahren geradeaus weiter auf der Straße *Hülholz*. Am Ende der Straße radeln wir weiter geradeaus auf einem Kiesweg in den Wald zwischen Waldgaststätte und Schützenhaus hindurch. Im Wald überqueren wir eine kleine Brücke (**20,4 km**) (**A** evtl. absteigen),

erreichen an den Bahngleisen der Museumsbahn wieder die Straße, biegen links ab und überqueren die Bahnschienen (**20,9 km**). Wir radeln in **Grödersby** auf der *Dorfstraße* geradeaus, bis diese in die *Mühlenstraße* mündet (**22,1 km**). Dort biegen wir rechts ab, fahren auf dem Fuß-/Radweg auf der linken Fahrbahnseite an der *Mühle* in **Klein Grödersby** entlang und biegen in **Habertwedt** nach einem Rastplatz links in die Straße nach Lindaunis ein (**24,0 km**).

Über **Karschau**, **Pageroe** und **Ekenisfeld** erreichen wir **Ketelsby** und biegen links nach Lindaunis ab (**29,4 km**).

Wir erreichen **Lindaunis**. Die Tour biegt kurz hinter dem Ortseingang rechts in die Straße *Am Niesberg* ein (**30,7 km**).

Abstecher: Zur Landarztpraxis radeln wir geradeaus weiter am Schleiufer entlang, schwenken an der Abzweigung zur Schleibrücke nach rechts, überqueren die

Bahngleise und folgen anschließend dem Wegweiser links zur Landarztpraxis.

Wir radeln geradeaus durch einen Wald, biegen hinter **Hegeholz** an der Bauminsel rechts ab (**31,6 km**) und in **Kiesbyfeld** wieder links (**33,2 km**). Wir erreichen die Kreisstraße, schwenken rechts in den Fuß-/Radweg (**33,7 km**) und fahren bis zur *Kirche* von **Boren**.

An der Kirche biegen wir links in den *Kirchenweg* ein (**33,9 km**), fahren geradeaus auf der *Schmeedstraat* weiter und biegen an deren Ende links ab (**34,2 km**). An der Weggabelung mit der einzelnen Eiche halten wir uns links (**35,2 km**), erreichen nach 100 m **Güderott** und biegen an der Kreuzung mit der Bauminsel rechts nach Süderbrarup ab (**35,9 km**). Am Reiterhof halten wir uns rechts, biegen an der Abzweigung *Langschiff* nach links ein (**36,6 km**) und gelangen zur Kreisstraße. **A** Diese überqueren wir vorsichtig und biegen rechts in den Fuß-/Radweg nach Süderbrarup

errichtet. Die farbige Gestaltung in Rotbraun, Schwarz und Gold geben der Kirche eine eigenwillige Note.

Das **Thorsbergmoor** am Nordrand des Ortes war vermutlich vom 1. bis 4. Jh. eine dem germanischen Kriegsgott Thor geweihte zentrale Opferstätte. Das Moor gilt als eine der reichsten Fundstellen in Nordeuropa. Archäologen fanden neben bäuerlichen Gegenständen der damaligen Zeit vor allem Waffen und Schmuck. Ein Großteil der Funde wird im Landesmuseum auf Schloss Gottorf in Schleswig ausgestellt.

Auf dem Hügel neben den Gleisen der Museumsbahn befindet sich ein ausgegrabener Grabhügel der späten Bronzezeit (etwa 650 – 500 vor Chr.). In dessen Innerem fand man in einer kleinen Steinkiste die verbrannten Reste eines Toten. Außerhalb des Steinkreises steht ein etwa zwei Meter hoher Wächterstein mit mehr als 45 Schälchen.

Süderbrarup

Jeden Sommer findet in Süderbrarup der größte ländliche Markt in Schleswig-Holstein statt. Die **Feldsteinkirche St. Jacobus** entstand Ende des 12. Jh. Aus dieser Zeit stammt auch die Granittaufe. Der Turm und die Verlängerung des Kirchenschiffes nach Westen wurden 1892

ein **(37,1 km)**. In **Süderbrarup** fahren wir auf der *Mühlenstraße* geradeaus, überqueren die *Holmer Straße* und fahren weiter geradeaus auf der *Teichstraße* an der *Kirche* vorbei zur B 201. An der Tankstelle biegen wir links ab, vor den Bahngleisen nochmal rechts in die *Bahnhofstraße* und erreichen am Bahnhof wieder unseren Ausgangspunkt.

KreisbahnTörn

Aus-gangspunkt:
Der Bahnhof in **Süderbrarup.**

Tourverlauf:
Von Süderbrarup über Boren, Lindaunis, Ulsnis, Goltoft, Brodersby, Taarstedt und Steinfeld zurück nach Süderbrarup.

Auskunft: Touristikinformation Schleidörfer
Süderbrarup
Tel.: 0 46 41-20 47

Gesamtlänge der Tour **36,4 km**

KreisbahnTörn

Das Herrenhaus von Lindauhof, bekannt durch die ZDF-Serie „Der Landarzt", sechs romanische Kirchen, das zentrale Heiligtum der Germanen in Angeln und ein Hügelgrab aus der Bronzezeit liegen an dieser Route. Die Tour führt durch eine hügelige Moränenlandschaft mit weiten Feldern und kleinen Gehölzen.

An der Strecke, die am Schleuferlang entlangführt, besteht bei entsprechendem Sommerwetter die Möglichkeit, einen Badestopp einzulegen.

Unterwegs entdecken

Brodersby

Kirche – Auf einer Anhöhe über dem Brodersbyer Noor steht die kleine Feldsteinkirche aus dem 12. Jh. Aus dieser Zeit stammt auch der romanische Taufstein aus Granit.

Museum – Im Dorfmuseum kann man sich über die Geschichte der Region informieren und erhält Einblicke in das bäuerliche Leben dieser Gegend.

Öffnungszeiten: April – November, samstags 09.00 – 12.00 Uhr und 14.00 – 17.00 Uhr.

Süderbrarup

Beschreibung siehe Seite 81

Ulsnis

Beschreibung siehe Seite 47

Hestoft

Niederdeutsches Bauernhaus von 1756

Lindaumühlenholz

Unweit der Eisenbahnklappbrücke steht die mit Holzschindeln gedeckte Galeriehollän-der-Mühle von 1837.

Lindauhof

Das reetgedeckte Herrenhaus gehörte einst zum adeligen Gut Dänisch-Lindau. Im Innern befindet sich ein Rittersaal mit Holzbalkendecke. Bekannt ist das Gebäude durch die ZDF-Fernsehserie „Der Landarzt". Ein Café lädt heute den Radwanderer in den historischen Räumen zu einer „süßen" Rast ein.

KreisbahnTörn

Die Tour beginnt am Bahnhof von **Süderbrarup (0,0 km)**. Wir biegen rechts in die *Bahnhofstraße* ein und am Ende der Straße links in den Radweg der Bundesstraße **(0,3 km)**. Vor der Tankstelle schwenken wir nach rechts in die *Teichstraße* **(0,8 km)**, fahren an *Schusterkate* und *Kirche* vorüber, überqueren die *Holmer Straße* **(1,0 km)** und verlassen **Süderbrarup** auf der *Mühlenstraße*. An der Abzweigung nach Güderott biegen wir rechts in den *Güderotter Weg* ein **(2,4 km)**, halten uns am Reiterhof links und schwenken an der Bauminsel in **Güderott** nach links **(3,6 km)**. Wir verlassen den Ort, halten uns bei **km 4,3** an der Bauminsel rechts und biegen gleich hinter dem Ortsschild **Kiesby** rechts in die *Schmeedstraat* ein. Vor der *Kirche* in **Boren** biegen wir rechts ab **(5,6 km)**, verlassen am

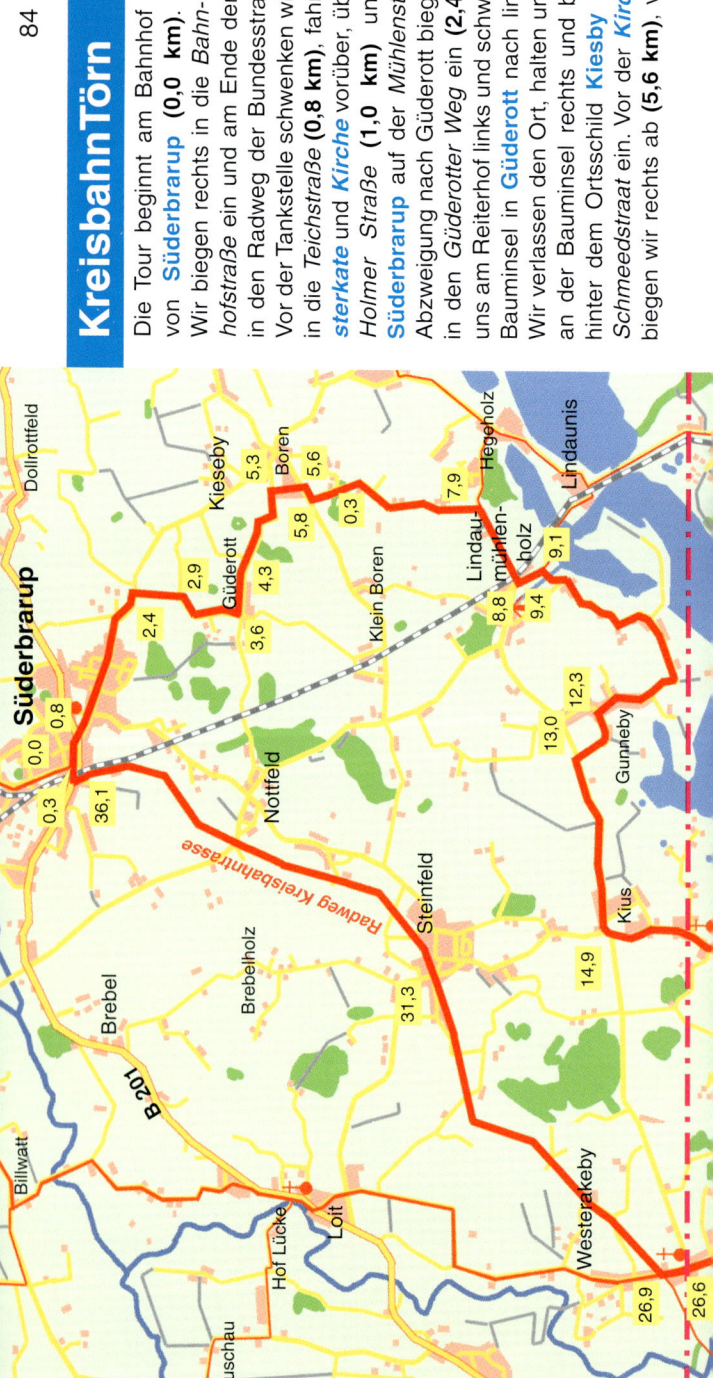

an dem *Herrenhaus*, das durch die ZDF-Serie *„Der Landarzt"* bekannt ist, entlang und folgen der windungsreichen Straße am *Lindauer Noor* bis nach *Lindaukamp* und radeln an der Abzweigung bei **km 10,6** geradeaus.

Abstecher: Zur Badestelle biegt man links ein **(10,6 km)**. Von dort lässt sich auch gut beobachten, wie die Eisenbahnklappbrücke öffnet. (Jeweils 15 Minuten vor jeder vollen Stunde.)

Wir fahren am Hof *Dallacker* vorüber, biegen nach einer Steigung an einer Allee rechts ab und kommen nach *Gunneby*. An der Abzweigung zu einer Badestelle fahren wir geradeaus **(11,6 km)**, biegen im Ort an der Bauminsel links nach Kius ab **(12,3 km)** und an der Kreisstraße noch mal links **(13,0 km)**. A Vorsicht: Die Straße ist beim Überqueren schlecht zu übersehen, und bis Kius gibt es keinen Radweg. Am Ortsrand von *Kius*

Ortsausgang wieder den Fuß-/Radweg der Kreisstraße und schwenken links in die Straße *Am Wald*. Bei **km 6,3** biegen wir rechts ab, fahren durch den Wald und danach bei **km 7,9** rechts in die Straße *Lindaufeld*.

Wenn wir in *Lindau* die Bahngleise überquert haben, biegen wir vor der *Windmühle* links ab **(8,8 km)** und an der Abzweigung nach Lindaukamp und zum Landarzt rechts **(9,1 km)**. Mit einem Links-rechts-Schwenk fahren wir

beginnt der Radweg auf der linken Fahrbahnseite (**14,7 km**).

Wir fahren am Buswartehäuschen geradeaus, biegen an der großen Kreuzung links in Richtung Schleswig/Missunde ab (**14,0 km**), fahren in **Ulsnis** an der *Kirche* mit den Bildsteinen im Sockelmauerwerk vorbei (**15,8 km**) und halten uns an der Abzweigung nach Ulsnisstrand und zum *Dorfmuseum* rechts (**16,5 km**). Bei **km 18,6** fahren wir in **Hestorf** an der Abzweigung zum Niederdeutschen Fachhallenhaus geradeaus.

Abstecher: Rechts zum *Fachhallenhaus von 1756* mit einem liebevoll angelegten Bauerngarten einbiegen und an der folgenden Weggabelung linkshalten.

In **Goltoft** folgen wir der Linkskurve der *Schleidörfer Straße* in Richtung Missunde (**19,6 km**) und fahren auf dem Fuß-/Radweg der *Schleidörfer Straße* bis **Brodersby**. Dort biegen wir an der Kreuzung rechts in den

Fuß-/Radweg der *Alten Landstraße* nach Taarstedt ein (**21,6 km**).

Abstecher: Links geht es zum *Dorfmuseum* (200 m), zur *Kirche* (300 m) und zur *Schleifähre Missunde* (2,0 km).

Wir radeln durch **Geelbyholz**, halten uns am Gedenkstein zur Erbauung des Radweges rechts (**23,5 km**) und biegen am Ortsausgang von **Düneberg** rechts in die *Preesterstraat* ein (**24,2 km**). In **Taarstedt** biegen wir rechts in die *Hauptstraße* ein (**25,6 km**) und fahren an der Abzweigung nach Lindau geradeaus (**26,6 km**). **A** Vorsicht: Hier wechselt der Radweg auf die rechte Fahrbahnseite. Wir fahren an der *Kirche* vorüber, die leicht zu übersehen ist, und biegen am Ortsrand rechts in den Radweg auf der Alten Kreisbahntrasse ein (**26,9 km**). Nun folgen wir dem Radwanderweg *Alte Kreisbahntrasse* und überqueren bei **km 27,6, 28,0, 28,6, 29,9** und **30,4** weitere Nebenstraßen sowie in **Steinfeld** die Kreis-

straße (**31,3 km**) und kommen an einem weiteren **Rastplatz** vorbei (**31,5 km**). Nachdem wir drei weitere Straßen passiert haben, erreichen wir **Süderbrarup**.

An der B 201 endet der Radwanderweg direkt neben dem Bahnübergang (**36,1 km**). Zum **Bahnhof von Süderbrarup** biegen wir rechts ab, überqueren die Bahngleise und biegen gleich darauf links in die *Bahnhofstraße* ein. Nach 300 m liegt links der Bahnhof.

Abstecher zum **Thorsbergmoor** und zum **Grabhügel Kummerhy** aus der Bronzezeit:

Am Bahnhof vorbeifahren und der *Bahnhofstraße* bis zum Ortsausgang Richtung Norderbrarup folgen. Bevor man die Bahnschienen der Museumsbahn überquert, liegt rechts das Thorsbergmoor, das im 2. bis 4. Jahrhundert der wichtigste germanische Opferplatz in Angeln war, und links befindet sich der Grabhügel Kummerhy aus der Bronzezeit.

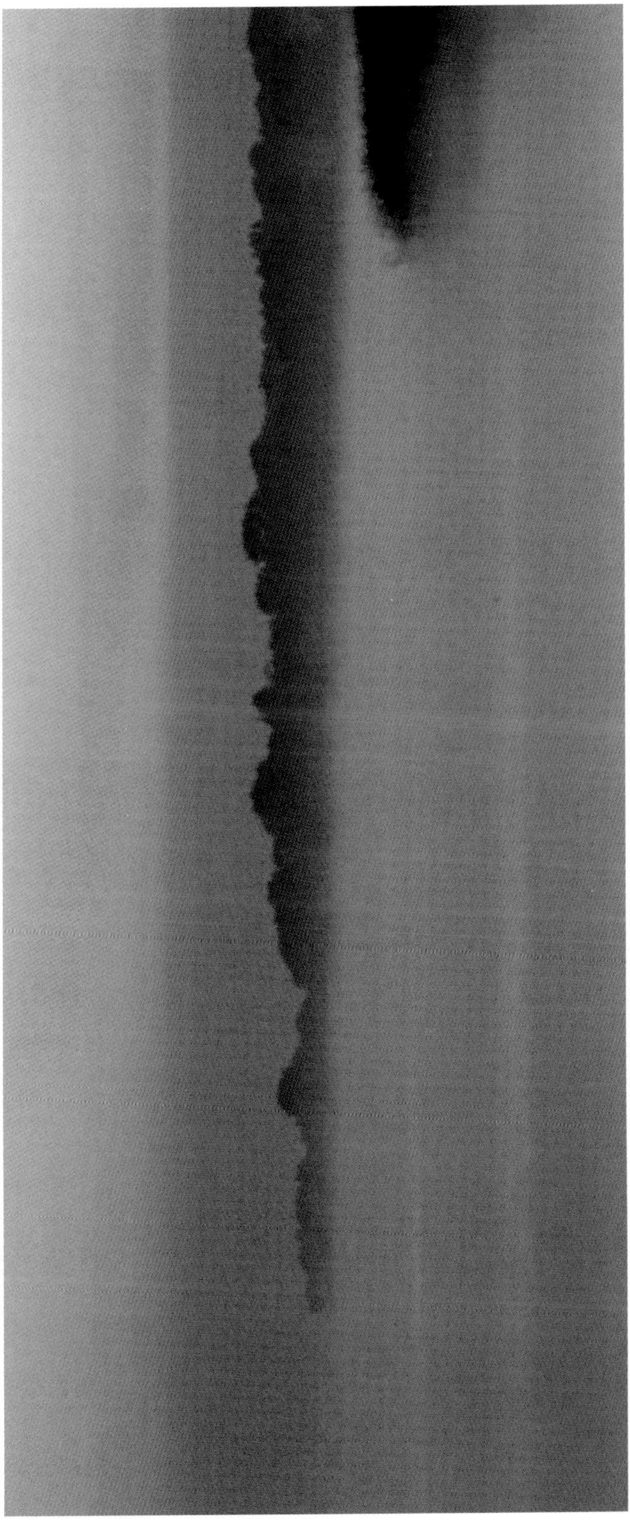

KirchTörn

Aus-gangspunkt:
die Kirche in **Brodersby.**

Tourverlauf:
Von Brodersby über Winning-may, Moldenit, Tolk und Schol-derup zurück nach Brodersby.

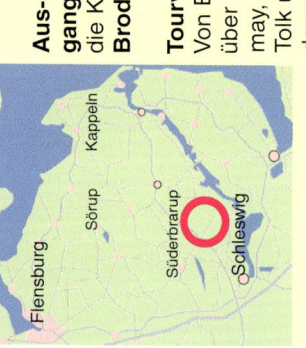

Auskunft: Touristikinformation Schleidörfer
Tel.: 0 46 41-20 47

Gesamtlänge der Tour   **22,5 km**

KirchTörn

Von Brodersby führt die Tour über Füsing zur Schlei nach Winningmay mit einer Badestelle und dem Naturschutzgebiet Reesholm. Auf einem Deich radeln wir durch das Mündungsgebiet der Füsinger Au am Ufer der Schlei entlang und weiter durch die Allee vom Gut Winning über Moldenit (romanische Kirche) nach Tolk (Kirche und Freizeitpark). Zwischen weiten Feldern geht es über Taarstedt zurück nach Brodersby, von wo aus sich Abstecher zum Dorfmuseum oder zur Schleifähre nach Missunde lohnen.

Parkplatz: Von der großen Kreuzung in Brodersby ca. 200 m in Richtung Missunde fahren. Vor der Kirche befinden sich Parkmöglichkeiten.

Unterwegs entdecken

Moldenit

St. Jacobus ist eine kleine romanische Feldsteinkirche aus dem 12. Jh. mit einem angebauten hölzernen Glockenturm (1772). Ins Kirchenschiff gelangt man durch ein Vorhaus des 19. Jh. Die alten Weihekreuze wurden bei der Restaurierung 1995 wieder freigelegt. Unter einer Stuckdecke mit großem Stifterwappen von 1705 befindet sich eine Haenelorgel von 1746, die ursprünglich in der Schlosskapelle von Drage stand und vom Gutsbesitzer von Winning angeschafft wurde. Der Altar von 1682 zeigt auf einem Ölgemälde eine Kreuzigungsszene. Unter der Westempore befindet sich der alte Pastorenstuhl aus dem 17 Jh., der noch einen Eindruck vom Gestühl früherer Jahrhunderte vermittelt.

Brodersby

Beschreibung siehe Seite 83

Schaalby

Die **Wassermühle** in Schaalby stammt von 1842. Sie ist eine der letzten funktionsfähigen Wassermühlen im Lande.
Öffnungszeiten nach Vereinbarung.
Tel.: 0 46 22-17 01

KirchTörn

Die Tour beginnt in **Brodersby** an der Kreuzung, wo die Straßen von Taarstedt und Missunde in die *Schleidörfer Straße* einmünden **(0,0 km)**. Wir fahren auf dem Fuß-/Radweg der *Schleidörfer Straße* in Richtung Schleswig. In **Füsing** radeln wir am *Kahlebyer Weg* geradeaus **(3,2 km)**, durchqueren den Ort auf der *Schleidörfer Straße* und biegen kurz vor dem Ortsende links in die Straße *Winningmay* ein **(3,7 km)**. Vor dem Schild „Sackgasse" schwenken wir nach rechts **(4,1 km)** und folgen den Wegweisern zum Café und zum Strand. In **Winningmay** fahren wir am Café vorbei, biegen hinter dem Strandparkplatz rechts ab **(5,2 km)** und fahren auf dem Deich am *Schleiufer* entlang. An der Abzweigung auf dem Deich fahren wir geradeaus und überqueren die *Füsinger Au* **(5,9 km)** auf einer Holzbrücke (**A** Vorsicht: Steile Brückenauffahrt). Über eine Treppe **(6,0 km)** gelangen wir auf einen Kiesweg, halten uns rechts und biegen vor dem *Reiterhof* St. Georg rechts in eine lange Allee ein **(6,1 km)**. Am Ende der Allee überqueren wir **A** die *Schleidörfer Straße* und fahren links auf dem Fuß-/Radweg weiter. Bei **km 7,3** biegen wir rechts in die *Winninger Allee* (Kastanienallee) ein, kreuzen nach 200 m den Radwanderweg, der auf der alten Bahntrasse von Schleswig nach Süderbrarup führt, und fahren weiter durch **Moldenit**. An der Hauptstraße biegen wir rechts ab, fahren bis zur Kreuzung *Trollhoe/An der Kirche* und schwenken links in die Straße *Trollhoe* **(8,3 km)**.

Abstecher: Zur *Kirche* biegen wir rechts ab (ca. 100 m).

Nach einer Linksbiegung überqueren wir **A** die B 201, radeln weiter geradeaus und halten uns an den nächsten drei Weggabelungen rechts. Vor dem Schild „Sackgasse" biegen wir links in einen Kiesweg ein **(11,4 km)**, der nach knapp einem Kilometer wieder in

eine Teerstraße übergeht **(12,3 km)**. Wir kommen am *Freizeitpark Tolkschau* vorüber und biegen anschließend rechts in die *Lange Straße* ein **(13,1 km)**. An deren Ende schwenken wir links nach **Tolk** ein, an der *Alten Dorfstraße* rechts und fahren auf dem Fuß-/Radweg weiter. Am Kirchkrug halten wir uns links **(14,3 km)**, verlassen den Ort und passieren in einer Unterführung die B 201 **(15,2 km)**. Wir radeln geradeaus auf dem Fuß-/Radweg Richtung Taarstedt. Am Ortseingang von **Scholderup** überqueren wir ein weiteres Mal den Radwanderweg *Alte Kreisbahntrasse*, halten uns an der Abzweigung nach Grumby rechts, überqueren die *Füsinger Au* und biegen gleich darauf links in den *Doktorberg* ein **(17,9 km)**. In **Taarstedt** biegen wir links in den Rad-/Fußweg der *Hauptstraße* ein **(18,2 km)**, fahren bis zur ersten Kreuzung **(18,5 km)** und schwenken rechts in den *Preesterstraat*. Eine kurvenreiche Strecke führt bis zur Verkehrsinsel *An der Landstraße*, dort halten wir

uns links und gelangen auf dem Rad-/Fußweg wieder zu unserem Ausgangspunkt in **Brodersby**.

Abstecher: Vom Ausgangspunkt weiter in Richtung **Missunde**. Nach ca. 100 m liegt auf der rechten Seite das **Dorfmuseum** und nach weiteren 200 m auf der linken Seite die **Schleifähre in Missunde** zur **Kirche**.
Bis zur **Schleifähre in Missunde** sind es knapp 2 km.

BadeseeTörn

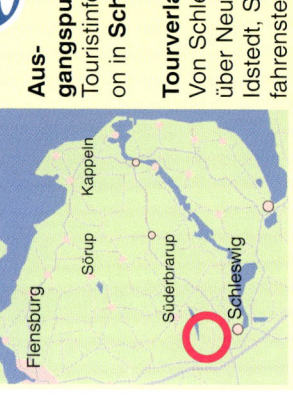

Ausgangspunkt:
Touristinformation in **Schleswig.**

Tourverlauf:
Von Schleswig über Neuberend, Idstedt, Süderfahrenstedt, Nübel und Berend zurück nach Schleswig.

Auskunft: Touristikinformation Schleswig
Tel.: 0 46 21- 85 00 56

Gesamtlänge der Tour   **31,5 km**

BadeseeTörn

Die Tour führt von Schleswig auf dem Ochsenweg, einem alten Handelsweg (siehe auch Seite 99), der als Radfernweg ausgebaut wurde, nach Norden. Im Idstedter Wald liegt nahe der Route das Großsteingrab Räuberhöhle.

In Idstedt verlassen wir den Ochsenweg und können an der Badestelle am Idstedter See eine Pause einlegen. Anschließend radeln wir am Nordufer des Langsees bis zur Badestelle am Südostufer. Knickgesäumte Wege führen uns durch eine sanft geschwungene Hügellandschaft zurück zur alten Residenz- und Bischofsstadt Schleswig. Für einen Besuch von Schloss Gottorf, Altstadt, Dom und Fischersiedlung Holm sollten Sie genügend Zeit einplanen.

Unterwegs entdecken

Langsee

Die überwiegend dicht bewaldeten Ufer des sechs Kilometer langen Sees steigen fast überall steil an. Nur in der Nähe von Brekling führt ein ausgeschilderter Weg zur Bacestelle.

Idstedter See

Am Nordwestufer des Sees erreicht man die Badestelle über den ausgeschilderten Weg zum Parkplatz.

Räuberhöhle siehe Seite 115

Schleswig
siehe Seite 98

94

BadeseeTörn

Ausgangspunkt ist in **Schleswig** die Touristinformation in der *Plessenstraße* **(0,0 km)** nahe dem **Dom**. Von dort radeln wir in Richtung Innenstadt, überqueren nach 200 m die *Königstraße* am ZOB und fahren noch 200 m geradeaus. Am *Stadtweg* (Ampel) biegen wir rechts in die Fußgängerzone ein und schieben das Rad etwa 100 m bis zum *Kornmarkt*. Hier schwenken wir nach links und passieren den Torbogen zwischen Apotheke und Café **(0,5 km)**. Ab hier folgen wir dem Radfernweg **Ochsenweg**, der nach 40 m mit einem Rechts-links-Schwenk weiter am **Mühlenbach** entlangführt.

Auf dem schmalen Fuß-/Radweg weisen nur kleine Wegweiser auf den Ochsenweg hin. An der Linksbiegung des **Mühlenbaches** **(0,7 km)** halten wir uns rechts (Achtung: das kleine Schild des Ochsenweges ist leicht zu übersehen) und nach wenigen Metern vor dem **Polierteich** links. Anschließend radeln wir die

Straße *Am Polierteich* leicht bergan, folgen am *Stadt-feld* der Linkskurve und biegen bei **km 1,3** rechts in die Straße *Kattenhunder Weg* ein. Die *Berliner Straße* **(1,6 km)** überqueren wir an der Ampel und fahren geradeaus weiter.

Vor einem Baumarkt **(2,7 km)** biegen wir links in die Straße *Ratsteich* ein, fahren gerdeaus, queren auf einer Brücke die Bundesstraße und folgen mit einem Links-rechts-Schwenk weiter dem *Ochsenweg*. An der Kreuzung in **Neubehrend (5,0 km)** schwenken wir links in die Straße *An der Mühle*, fahren nach 100 m an der Abzweigung nach Idstedt geradeaus und passie-ren **Neubehrend** auf der *Klosterreihe*. Am Ende des Ortes schwenken wir **(7,0 km)** von der *Klosterreihe* rechts in den *Dammberg* und radeln geradeaus in den Wald.

Im Wald erreichen wir eine T-Kreuzung **(7,6 km)**, bie-gen links ab, folgen nach 100 m der Rechtskurve und halten uns nach wenigen Metern neben einem einzel-nen Gebäude rechts (der Ochsenweg teilt sich hier). Bei **km 8,5** kommen wir an der Försterei vorbei, ver-lassen nach 200 m den Asphaltweg und biegen links in

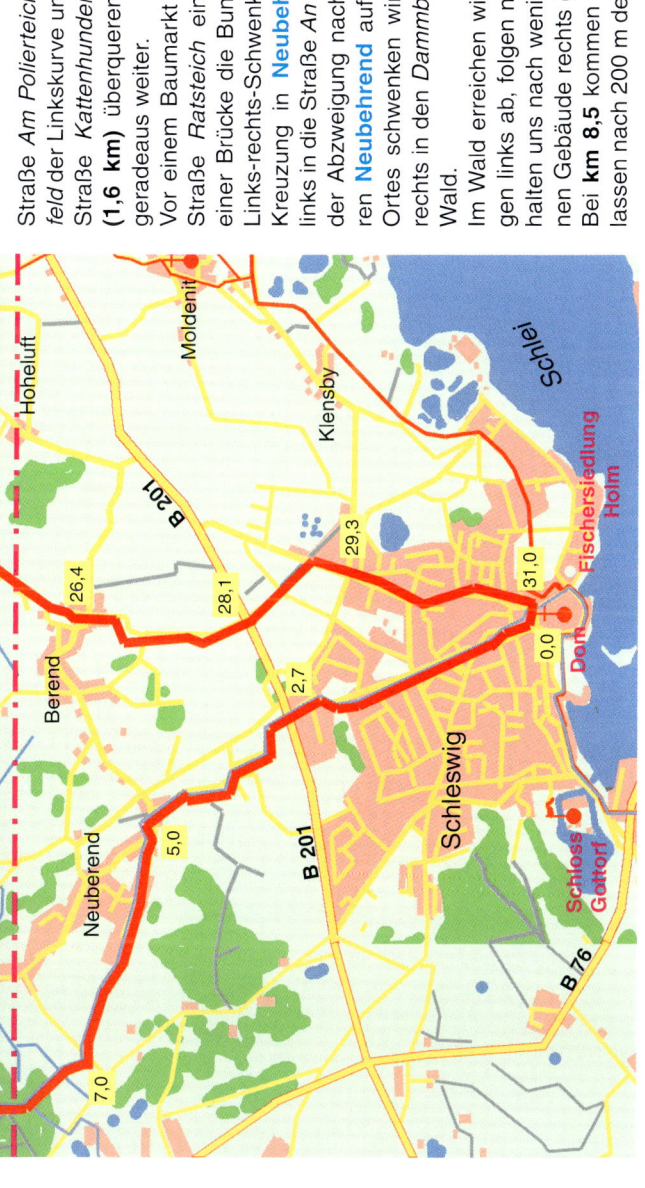

den schmalen Weg ein. An der nächsten Wegabelung **(9,2 km)** halten wir uns rechts, nach 200 m noch mal rechts und kommen an einem See vorüber. Im Wald **(9,8 km)** erreichen wir einen breiten Sandweg, in den wir links einbiegen. Wir verlassen den Wald und halten uns nach einer Linkskurve des Hauptweges **(10,5 km)** rechts.

In **Idstedt** überqueren wir die Vorfahrtstraße, folgen dem Radwegweiser in Richtung Sieverstedt, halten uns bei **km 11,8** rechts und schwenken nach 100 m links in die *Dorf-*

straße. Im kleinen Kreisverkehr fahren wir nach rechts, überqueren die Vorfahrtstraße **(12,7 km)**, verlassen **Idstedt** und radeln geradeaus in Richtung Süderfahrenstedt.

Abstecher: Gleich hinter der Kreuzung führt ein Fußweg zur Badestelle am Idstedter See. Bei **km 14,2** biegen wir an der T-Kreuzung links ab in Richtung Süderfahrenstedt, radeln durch Wälder und Wiesen am Nordufer des *Langsees,* kommen an einzelnen Gehöften in **Güldenholm** vorbei und biegen schließlich rechts in die *Lindenstraße* ein **(17,7 km)**.

In **Süderfahrenstedt** fahren wir an der Abzweigung nach Böklund **(18,4 km)**, auch an der nächsten Abzweigung **(18,8 km)** radeln wir geradeaus, verlassen den Ort und biegen bei **km 20,2** von der *Mühlenstraße* rechts in den fahrbahnbegleitenden Radweg der Landesstraße L 22 ein.

In **Wellspring** überqueren wir die *Au*, fahren an der Abzweigung nach Tolk **(21,1 km)** geradeaus und biegen anschließend **(21,7 km)**

rechts in die Asphaltstraße zur Badestelle am Langsee ein.

Abstecher: Nach 500 m führt ein Weg rechts zur *Badestelle am Langsee* (600 m).

In **Brekling (23,0 km)** biegen wir links in Richtung Schleswig ab, fahren an der Abzweigung Schleswig/Satrup **(23,5 km)** geradeaus, biegen nach 100 m rechts nach Nübel ein und folgen in **Nübel (24,1 km)** der *Schulstraße.*

Abstecher: Zum *Feuerwehrmuseum* fahren wir nach links in die *Hochlandstraße.*

Am Ortsende kommen wir an der kleinen *Kirche* mit dem hölzernen Glockenturm vorüber und biegen bei **km 25,9** halblinks (nicht in den Sandweg) in Richtung Schleswig ab.

In **Behrend** passieren wir die *Dorfstraße* **(26,4 km)**, fahren geradeaus in die *Bachstraße,* überqueren auf einer Brücke die Bundesstraße **(28,1 km)**, erreichen **Schleswig** und fahren an der Wegkreuzung nach 400 m geradeaus in den schmalen Sandweg.

Nach weiteren 300 m überqueren wir die Vorfahrtstraße und schwenken rechts in den fahrbahnbegleitenden Radweg, der durch das Gewerbegebiet St. Jürgen führt (Einkaufsmöglichkeiten). Im Kreisverkehr **(29,3 km)** nehmen wir die zweite Abfahrt (Richtung Zentrum), radeln an der Kreuzung neben der Tankstelle geradeaus den *Gallberg* hinauf und biegen vor dem Rondelll **(31,0 km)** rechts in die Fußgängerzone ein. Nach 100 m erreichen wir den *Kornmarkt*, wo wir auf dem Hinweg abgebogen sind. Jetzt gehen wir geradeaus weiter, halten uns nach 200 m links und radeln auf dem gleichen Weg wie auf der Hinfahrt zur Touristinformation zurück.

Die sehenswerte *Altstadt* mit liebevoll restaurierten Häusern, *Dom*, *Rathausmarkt* und die *Fischersiedlung Holm* liegen in unmittelbarer Nähe der Touristinformation.

Schleswig

Die alte Bischofsstadt und Residenz der Gottorfer Herzöge gilt heute als Kulturhauptstadt Schleswig-Holsteins, dafür sorgen schon die großen Landesmuseen im Schloss Gottorf, am Hesterberg und in Haddeby (Wikinger-Museum Haithabu mit den Wikinger-Häusern am Haddebyer Noor) sowie das Globushaus. Daneben erwartet den kulturinteressierten Besucher noch das Städtische Museum mit seinen Dependancen.

Einen weiteren Höhepunkt bietet der Dom mit seinen zahlreichen Kunstschätzen, darunter der größte norddeutsche Schnitzaltar von Hans Brüggemann.

Ein Rundgang durch die lebendige Altstadt ist bei Touristen und Einheimischen sehr beliebt. Zwischen kunstvoll restaurierten Gebäuden laden Straßencafés zu einer Pause ein.

Vom Rathaus und Graukloster gelangt man zur Fischersiedlung Holm und zum St.-Johannis-Kloster. Hier scheint die Zeit seit einhundert Jahren stehengeblieben zu sein.

Ochsenweg

Seinen Namen erhielt der Weg im 14. Jh. Seit dieser Zeit und bis ins 19. Jh. konnten viele westeuropäische Städte ihren Fleischbedarf nur durch Zukauf von lebenden Tieren decken. So trieb man Ochsen von Vieborg in Dänemark auf dem Geestrücken durch Jütland und Schleswig-Holstein bis nach Wedel an der Elbe. Dort wurden die Tiere mit der Fähre übergesetzt und teilweise weiter bis ins Rheinland und in die Niederlande getrieben. In der Blütezeit der Ochsentriften im 16. und 17. Jh. registrierte der Zoll bis zu 50.000 Tiere jährlich. Die erste schriftliche Erwähnung des alten Fernhandelsweges stammt von Adam von Bremen (um 1070). Zahlreiche vorgeschichtliche Grabhügel aus der jüngeren Steinzeit sowie aus der Bronzezeit belegen jedoch, dass der Weg schon viel früher genutzt wurde und deshalb als kulturhistorische Achse von Schleswig-Holstein und Jütland angesehen werden kann.

LuusangelnTour

Aus-gangspunkt: Arnkielpark bei **Munkwolstrup.**

Tourverlauf: Vom Arnkielpark über Oeversee, Sankelmark, Jarplund-Weding, Kleinsolt und Großsolt zurück zum Arnkielpark.

Auskunft: Tourist & Service-Center Tarp
Tel.: 0 46 38-89 84 04

Gesamtlänge der Tour **34,5 km**

LuusangelnTour

Vom Steinzeitpark mit dem größten restaurierten Langbett in Schleswig-Holstein führt die Tour auf einem Abschnitt auf einem befestigten Pfad am Ufer des Sankelmarker Sees entlang, der zum Naturschutzprojekt Obere Treenelandschaft gehört.

Zwischen Oeversee mit seiner Wehrkirche und Großsolt radeln wir durch den östlichen Teil Angelns, der den Übergang zwischen der hügeligen Moränenlandschaft im Osten und der sandigen Geest im Westen bildet.

Von Mühlenbrück bis Oeversee radeln wir auf der südlichen Teilstrecke durch das Urstromtal der Treene mit dem Treßsee.

Unterwegs entdecken

Oeversee

Die St.-Georg-Kirche mit ihrem runden Wehrturm aus Feldsteinen diente im Mittelalter zur Verteidigung der strategisch bedeutsamen Treenefurt. Im Innern sind die Gewölbemalereien sehenswert.

Sankelmarker See

Rund um den 66 Hektar großen See führt ein Rad-/Fußweg. Der See gehört zum Naturschutzgroßprojekt Obere Treenelandschaft. Die Flußniederung wurde in den letzten Jahren renaturiert.

Treßsee

Auch der Treßsee im Urstromtal der Treene gehört zum Naturschutzgroßprojekt Obere Treenelandschaft. Feuchtgebiete und trockene Flächen liegen hier dicht nebeneinander und bieten einer vielfältigen Flora und Fauna einen verschiedenartigen Lebensraum.

Arnkielpark

Dieser Steinzeitpark mit zahlreichen Großsteingräbern und dem größten restaurierten Langbett in Schleswig-Holstein bietet neben den Steinbetten einen Informationspavillon zur Entstehung und Kultur der jüngeren Steinzeit.

LuusangelnTour

Ausgangspunkt ist der Parkplatz am **Arnkielpark** bei **Munkwolstrup (0,0 km)**.

Vor dem Start lohnt sich ein Rundgang durch das Ausstellungsgebäude und den **Steinzeitpark** mit seinen sieben Steinbetten, darunter das größte in Schleswig-Holstein restaurierte Langbett mit einer Länge von 75 Metern.

Vom Parkplatz schwenken wir nach rechts, folgen dem **Stapelholmer Weg** und biegen nach 200 m links in den fahrbahnbegleitenden Radweg der Landesstraße in Richtung Oversee ein.

Vor einem Parkplatz **(0,9 km)** biegen wir rechts ab und überqueren **A** vorsichtig die Landesstraße. Nach wenigen Metern geht der Weg in einen Sandweg über und führt am Seeufer des **Sankelmarker Sees** entlang. Bei **km 1,5** verlassen wir den Uferweg,

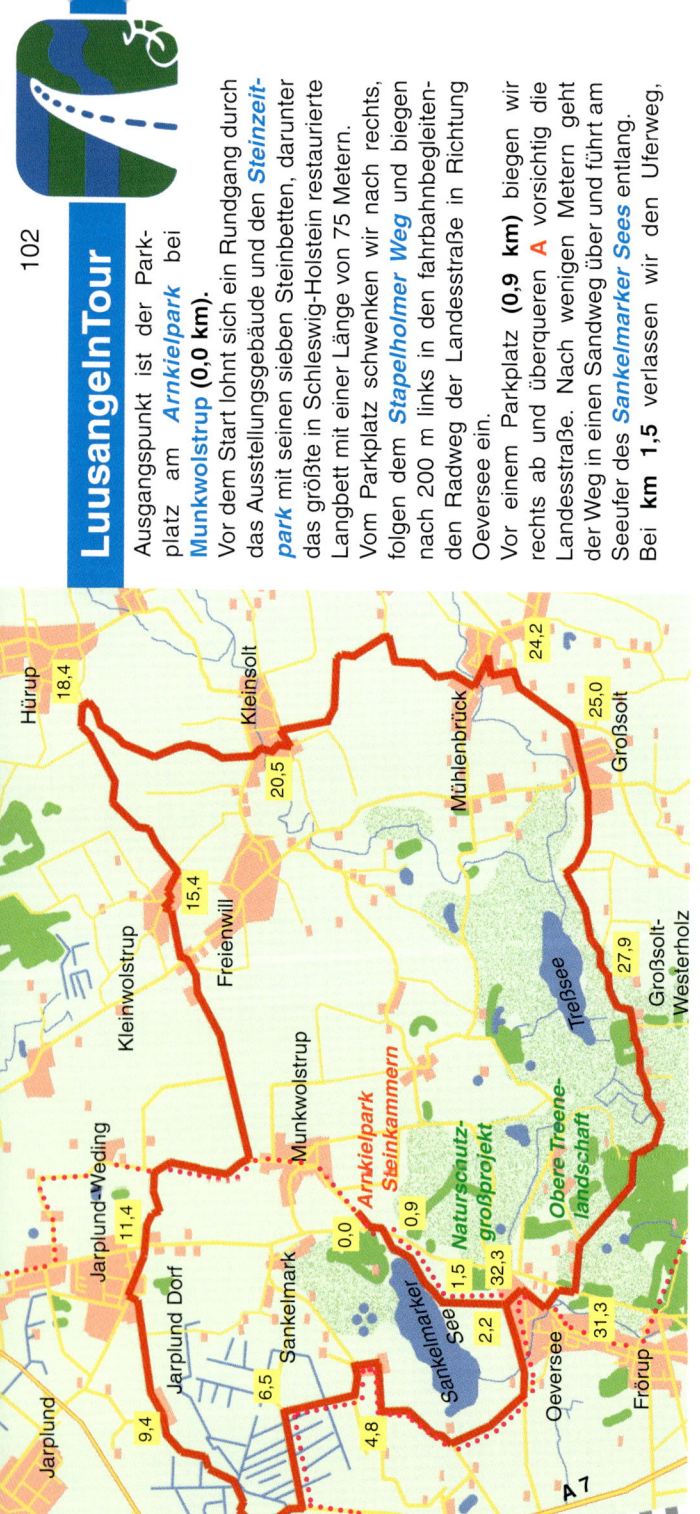

schwenken nach links und radeln (oder schieben das Rad) recht steil bergan bis zur *Aussichtsplattform*. Von hier bietet sich ein herrlicher Rundblick über den See. Anschließend fahren wir weiter geradeaus, erreichen eine Vorfahrtstraße (2,2 km) und biegen rechts in den fahrbahnbegleitenden Radweg nach Sankelmark ein. Ab hier beginnt die Ausschilderung der Tour. Bei km 2,9 überqueren wir eine *Au* und biegen am Ende des fahrbahnbegleitenden Radweges rechts in den *Sankelmarker Weg* ein. An der T-Kreuzung (4,0 km) halten wir uns rechts und an der Bauminsel (4,8 km) noch mal rechts in Richtung Sankelmark (Radwegschild zeigt nach links).

In **Sankelmarkfeld** biegen wir links ab und folgen nach 200 m dem Radwegweiser noch mal nach links. Nach weiteren 800 m halten wir uns an der Abzweigung rechts und radeln durch eine weite flache Wiesenlandschaft. Bei km 6,5 halten wir uns an der T-Kreuzung

links Richtung Baderup, radeln durch ein Moorgebiet und biegen an der folgenden T-Kreuzung (7,5 km) rechts ab Richtung Jarplund Dorf (der Ochsenweg biegt hier links ab).

In **Petersholm** folgen wir der Rechtkurve des Hauptweges, passieren **Jarplund Dorf** (9,4 km) auf der *Jarplunder Landstraße* und erreichen **Jarplund** auf dem *Jarplunder Weg*. Diesem folgen wir, bis wir mit einem Links-rechts-Schwenk in den fahrbahnbegleitenden Radweg der Vorfahrtsstraße einbiegen (10,9 km). Bei km 11,4 überqueren wir **A** vorsichtig die Landesstraße, fahren geradeaus weiter und biegen anschließend rechts in den *Heidefelder Weg* ein (12,3 km).

An der folgenden Weggabelung (13,3 km) schwenken wir links nach **Freienwill** und radeln im Ort (15,4 km) mit einem Links-rechts-Schwenk über die *Eckernförder Land-straße* in den *Kuhgang*. Am Ende des *Kuh-ganges* (16,0 km) gelangen wir mit einem

Rechts-links-Schwenk in die Straße *An der Eiche*, biegen nach 150 m rechts ab und nach weiteren 150 m links in die Straße *Am Sen-der*.

An der Weggabelung (16,4 km) halten wir uns links und radeln in Richtung Sendeturm. An der Abzweigung (18,0 km) fahren wir geradeaus und folgen bei km 18,4 dem Radwegweiser rechts Richtung Großsolt.

In **Kleinsolt** radeln wir einen Rechts-links-Schwenk (20,5 km), biegen nach 100 m an der Kreuzung links ab und folgen der *Alten Dorfstraße*.

An der Kreuzung am **Kastanienhof** (20,9 km) biegen wir rechts ab in Richtung Estrup, schwenken von der *Schmiedestraße* rechts in den *Estruper Weg* (22,6 km) ein und radeln auf knickgesäumten Wegen nach **Mühlenbrück**. Dort biegen wir links in die Vorfahrtstraße (23,7 km) ein, fahren nach 100 m, gleich hinter der *Au*, einen Rechts-links-Schwenk und halten uns nach weiteren

100 m an der Sattlerei rechts. Wir verlassen **Mühlenbrück (24,2 km)** und biegen rechts in den fahrbahnbegleitenden Radweg ein.

Bei **km 25,0** schwenken wir rechts in die Straße *Am Kirchberg* und erreichen **Großsolt**. Wir radeln an der *Kirche* vorbei, rollen den *Kirchberg* hinunter, schwenken an der *Vorfahrtstraße* **(25,5 km)** nach links und nach weiteren 150 m rechts in die *Oeverseer Straße.*

An der nächsten Weggabelung **(26,2 km)** halten wir uns rechts, folgen der Straße *Am Treßsee* und halten uns vor einer Sackgasse **(26,6 km)** links.

An einer Abzweigung nach Großsolt **(27,5 km)** fahren wir geradeaus, radeln unter Schatten spendenden Bäumen nach **Großsolt Westerholz (27,9 km)** und weiter geradeaus durch die Siedlung. Auch an der Abzweigung vor dem Wald fahren wir geradeaus, radeln auf der Aphaltstraße durch den Wald und biegen am Ende des Waldes vor

einem Gewerbegebiet **(30,9 km)** links ab. Wir schwenken bei **km 31,3** rechts in den fahrbahnbegleitenden Radweg der Landesstraße, verlassen diesen nach 200 m und schwenken links nach **Oeversee**. Im Ort überqueren wir die *Treene*, biegen an der Bauminsel **(31,7 km)** rechts in den *Stapelholmer Weg* ein und schwenken 150 m vor der Landesstraße **(32,0 km)** nach links Richtung Haurup. Nach 40 m liegt linker Hand die *romanische Feldsteinkirche* mit dem runden Wehrturm.

Bei **km 32,3** erreichen wir die Abzweigung zum Sankelmarker See. Hier biegen wir rechts ab und fahren auf der gleichen

Trasse, die wir auf dem Hinweg genutzt haben, in umgekehrter Richtung am Ufer des *Sankelmarker Sees* zurück zum *Arnkielpark*.

KirchenTour

Aus-gangspunkt:
Kirche in **Hürup.**

Tourverlauf:
Von Hürup über Husby, Munkbrarup, Wees, Flensburg und Tastrup zurück nach Hürup.

Auskunft: Tourismus GmbH Flensburg
Tel.: 04 61-9 09 09 20

Gesamtlänge der Tour **30,4 km**

KirchenTour

Von Dorfkirche zu Dorfkirche führt die Tour über zahlreiche Hügel durch das nördliche Angeln bis zur St.-Jürgen-Kirche in Flensburg. Von hier lohnt sich ein Abstecher zum Flensburger Hafen. Neben Ausflugsschiffen bieten der Salondampfer Alexandra, historische Segelyachten und nicht zuletzt die Frachtsegler im Museumshafen ein maritimes Ambiente.

Von Flensburg führt die Tour auf zum Teil knickgesäumten Wegen durch die hügelige Landschaft zwischen Feldern und Wiesen hindurch zurück nach Hürup.

Unterwegs entdecken

St. Marien zu Hürup

Der spätromanische Ziegelbau entstand im 13. Jahrhundert, und der Turm an der Westseite wurde nach einem Brand 1804 neu errichtet.

In der reich ausgestatteten Kirche verdient das frühgotische, aus Eichenholz geschnitzte Relief der Passionsfolge besondere Beachtung.

St. Vincentius zu Husby

Die romanische Granitquader-Kirche (um 1200 erbaut) wurde in den Jahrhunderten mehrfach erweitert und umgestaltet. Der Kirchturm, mit 51 Metern der höchste im nördlichen Angeln, musste nach Blitzeinschlägen mehrfach neu gedeckt werden.

St. Laurentius zu Munkbrarup

Die Granitquader-Kirche zählt zu den Hauptwerken dieses Baustils in Angeln. Das sechssäulige Südportal mit Tympanon ist romanisch. Der Innenraum präsentiert sich dagegen im Renaissance-Stil mit Kreuzgewölbe. Der romanische Taufstein entstand um 1200 und zählt zu den wertvollsten Kostbarkeiten der Kirche.

St. Jürgen zu Flensburg

Der schlanke Backsteinturm prägt die östliche Hafensilhouette der Stadt. Im Gegensatz zu den romanischen Dorfkirchen dieser Tour entstand die St.-Jürgen-Kirche Anfang des 20. Jahrhunderts im Stil der Backsteingotik. Nur die Renaissance-Kanzel von Meister Ringeringk wurde um 1600 geschnitzt.

St. Johannis zu Adelby

Die geräumige Saalkirche mit Granitquader-Turm aus dem 18. Jahrhundert steht auf dem Fundament der Feldsteinkirche aus dem 11. Jahrhundert. In ihrem Inneren hängt eines der ältesten Votivschiffe im nördlichen Landesteil.

KirchenTour

Ausgangspunkt ist die Kirche *St. Marien zu Hürup* **(0,0 km)**.

Vom Parkplatz vor der Kirche schwenken wir links in den *Markeruper Weg* in Richtung Husby. Mit einem Rechts-links-Schwenk verlassen wir **Hürup**, fahren an der Kreuzung **(1,0 km)** geradeaus und überqueren bei **km 1,9 A** vorsichtig die Vorfahrtstraße (R 90). An der Abzweigung nach Ausacker **(2,2 km)** fahren wir weiter geradeaus, biegen bei **km 3,0** links in den *Markerupheider Weg* ein und radeln durch die Streusiedlung **Markerupheide**. An der T-Kreuzung **(3,9 km)** schwenken wir links in den fahrbahnbegleitenden Radweg nach Husby. Schon von weitem zeigt uns

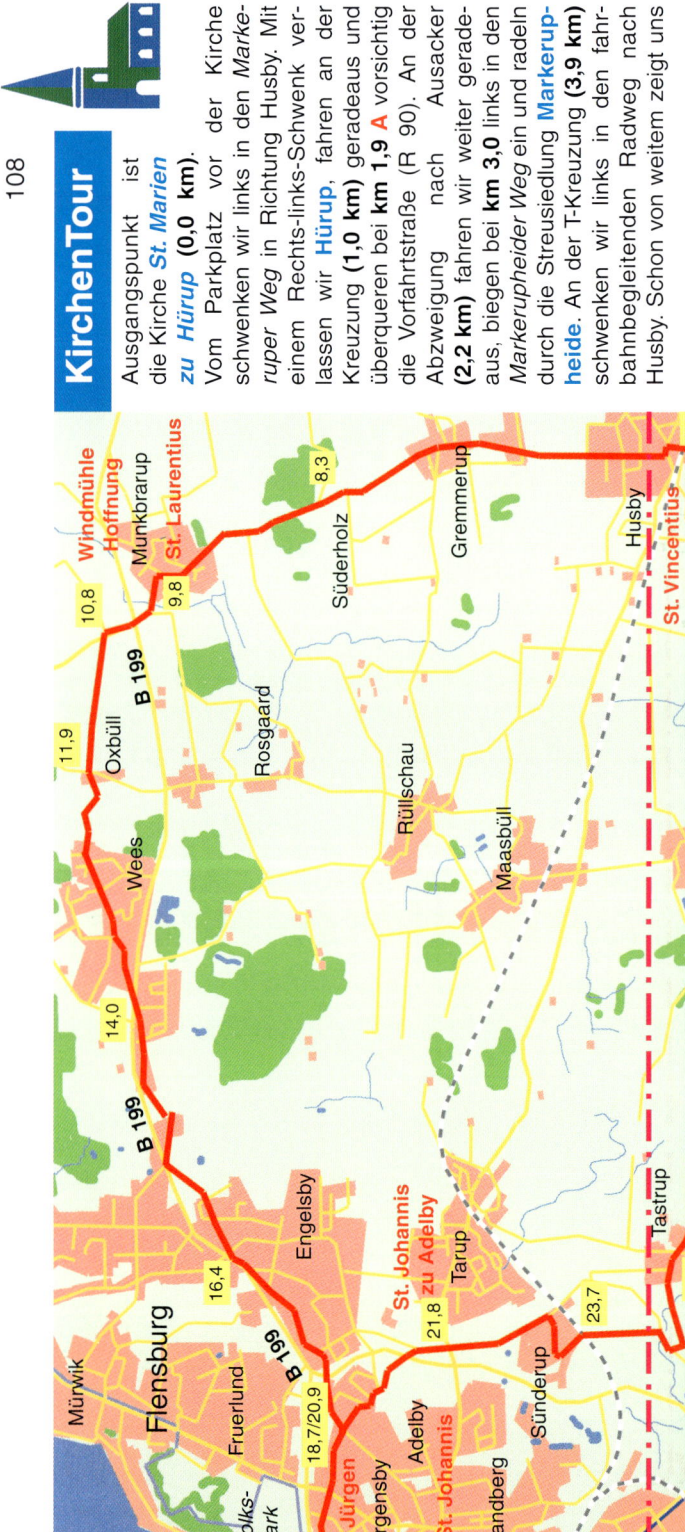

Taufstein (einer der schönsten in Angeln) sind die **Steinmasken** auf der Südseite sehenswert.

Anschließend folgen wir der Linksbiegung der Hauptstraße, kommen an der *Windmühle **Hoffnung*** (einem Erdholländer) vorbei und radeln durch die Unterführung der B 199. Mit einem Links-rechts-Schwenk folgen wir dem Wegweiser in Richtung Glücksburg, radeln etwas bergan bis zur Grundschule und biegen dort links ab in die *Lange Straße* **(10,8 km)**. Hier trennen sich die Radtouren *Mühlentour* und *Kirchentour*. Am Ortsrand von **Oxbüll (11,9 km)** fahren wir an der Kreuzung geradeaus in die *Schmiedestraße*. Auch in **Wees** radeln wir immer geradeaus, bis wir am Kreisverkehr dem Radwegweiser nach links folgen. Bei **km 14,0** biegen wir rechts in den fahrbahnbegleitenden Radweg der *Nordstraße* B 199 ein, radeln 150 m

der **höchste Kirchturm** in Nordangeln den Weg. In **Husby** radeln wir auf der *Schleswiger Straße* immer geradeaus bis zur *Kirchenstraße* **(4,6 km)**. Hier biegen wir rechts ab und erreichen nach etwa 100 m die *St.-Vincentius-Kirche*. Wuchtige Granitquader schützen das Mauerwerk des Turms vor der Witterung, und die Maueranker mit Jahreszahlen weisen auf die zahlreichen Umbauten der Kirche hin.

Anschließend radeln wir die 100 m zurück, schwenken rechts in die *Schleswiger Straße*, überqueren bei **km 5,1** die *Flensburger Straße* und fahren weiter geradeaus in Richtung Munkbrarup. Wir passieren **Gremmerup** auf der *Dorfstraße* **(6,3 – 7,3 km)**, rollen in **Süderholz (8,3 km)** leicht bergab und kommen durch einen Wald. Wir erreichen **Munkbrarup** und folgen der Hauptstraße bis zur *St.-Laurentius-Kirche* **(9,8 km)**. Neben dem

bis zur Kreuzung, biegen hier links ab und überqueren die Bundesstraße an der Ampel. Wir folgen nun den Radwegweisern in Richtung Hafenspitze und erreichen den Ortsrand von **Flensburg (15,0 km)**. Am Kreisverkehr nehmen wir die zweite Ausfahrt (Sackgasse) und radeln auf der *Engelsbyer Straße* bis zur Kreuzung *Merkurstraße* **(16,4 km)**. Wir fahren weiter geradeaus und bleiben auf der *Engelsbyer Straße*. Vor der **Unterführung** der Umgehungsstraße **(17,8 km)** trennen sich Fuß- und Radweg. Wir schwenken nach rechts, biegen nach 300 m links ab und radeln über die weit gespannte Rad- und Fußgängerbrücke.

An der Vorfahrtstraße (*Glücksburger Straße*) schwenken wir nach rechts und biegen anschließend rechts in den *Adelbyer Kirchenweg* ein, überqueren mit einem Links-rechts-Schwenk die *Bismarckstraße* und erreichen über die *Parsevalstraße* und *St.-Jürgen-Straße* die **Kirche St. Jürgen (19,8 km)**.

Von hier lohnt sich ein Abstecher zur **Hafenspitze** (0,9 km). Hierfür folgen wir dem Radwegweiser zur Hafenspitze. Wer von dort der östlichen Hafenseite folgt, gelangt zum **Museumshafen** und zum **Schiffahrtsmuseum**. Neben maritimem Flair kann man im Untergeschoss des Schiffahrtsmuseums vieles über die Rumherstellung erfahren.

Von der **Kirche** fahren wir auf der *St.-Jürgen-Straße* zurück **(20,3 km)**, überqueren mit einem Rechts-links-Schwenk die *Bismarckstraße* und radeln weiter auf dem *Adelbyer Kirchenweg*.

Bei **km 20,9** überqueren wir die *Glücksburger Straße* (hier sind wir auf der Hinfahrt abgebogen), jetzt fahren wir geradeaus weiter auf dem *Adelbyer Kirchenweg* in Richtung Tastrup. Am Ortsrand von **Flensburg (21,5 km)** schwenken wir rechts in den Radweg, überqueren die Umgehungsstraße (K 26) auf einer Brücke, biegen anschließend im Ortsteil **Tarup (21,8 km)** rechts in den

fahrbahnbegleitenden Radweg der *Richard-Wagner-Straße* ein und erreichen nach 300 m die weiß getünchte **St.-Johannis-Kirche zu Adelby** mit ihrem trutzigen Granitquader-Turm.

Bei **km 22,2** queren wir die *Taruper Hauptstraße* und radeln geradeaus an der Schule vorbei in Richtung Sünderup. Vor dem Ortsschild von Flensburg schwenken wir rechts in den Sandweg, der uns als Fuß-/Radweg am Neubaugebiet von **Sünderup** vorbeiführt, und biegen vor der Fußgängerbrücke **(23,0 km)** links in Richtung Tastrup ab.

Mit einem Rechts-links-Schwenk **(23,1 km)** radeln wir in Richtung Sünderup Dorf, fahren nach 300 m geradeaus in die Sackgasse (für Radfahrer frei) und passieren die Bahnunterführung **(23,7 km)**.

Durch ein Neubaugebiet **(24,1 km)** radeln wir auf einem breiten Radweg, überqueren zwei Straßen, biegen an der T-Kreuzung **(24,4 km)** links ab und schwenken nach 200 m links in

den Radweg nach Tastrup, der uns zwischen hohen Knicks hindurchführt und nach weiteren 200 m in eine Asphaltstraße mündet **(24,8 km)**. Hier biegen wir links nach **Tastrup** ab, schwenken im Ort **(25,4 km)** rechts in die Straße *Himmelberg* ein und fahren an der Abzweigung nach Tarup **(25,6 km)** geradeaus.

Bei **km 28,8** überqueren wir **A** vorsichtig die Kreisstraße und fahren geradeaus in die *Mühlenstraße* nach **Hürup**. Vor der Bauminsel, wo die *Mühlenstraße* in den *Meiereiweg* übergeht, biegen wir links in die *Bahnhofstraße* ein, schwenken anschließend links in die Vorfahrtstraße **(30,3 km)** und erreichen nach 100 m unseren Ausgangspunkt an der Kirche *St. Marien zu Hürup*.

Flensburg

Eine über 700-jährige Stadtgeschichte hat diese Handels- und Hafenstadt geprägt. Die zahlreichen liebevoll restaurierten Kaufmannshöfe zwischen der Roten Straße und dem Nordertor zeugen von einer regen Handelstätigkeit.

Rum – der Ruhm der Stadt, das ist schon lange her. Im 18. Jahrhundert nutzte Flensburg seine Zugehörigkeit zur dänischen Krone für den Rumhandel. Bei nur 6000 Einwohnern zählte Flensburgs Flotte über 200 Segelschiffe. Die Flensburger Kaufleute pflegten regen Handel mit Westindien, wo Dänemark Kolonien besaß. Neben tropischen Edelhölzern kamen Kaffee, Kakao, Zuckerrohr und vor allem Rum an die Förde. Durch den langen Transport wurde das geisthaltige Getränk sehr teuer. So ersannen findige Kaufleute den „Flensburger Rum", indem sie

die Originalware mit billigem einheimischen Schnaps verschnitten. Das älteste Rumhaus der Stadt wurde 1781 gegründet. Flensburgs kleinstes Rumhaus im Johannsen-Hof, Marienstraße 8, hat als letzter Hersteller noch seine Produktionsstätten in Flensburg in Betrieb. Bei so viel Rum darf ein Rum-Museum nicht fehlen. Es befindet sich im Kellergeschoss des ehemaligen Zollpackhauses, wo noch vor hundert Jahren der Rum unter Zollverschluss lagerte. In den oberen Stockwerken gibt es viel über Flensburgs maritime Geschichte zu erfahren, denn dort hat das Schifffahrtsmuseum sein Domizil. Vor dem Museum liegen die traditionellen Segelschiffe im Museumshafen und Deutschlands ältester Salondampfer „Alexandra" gleich daneben an der Pier. Ein weiterer Publikumsmagnet ist der Museumsberg mit seinen Sammlungen im Heinrich-Sauermann-Haus und im Hans-Christiansen-Haus.

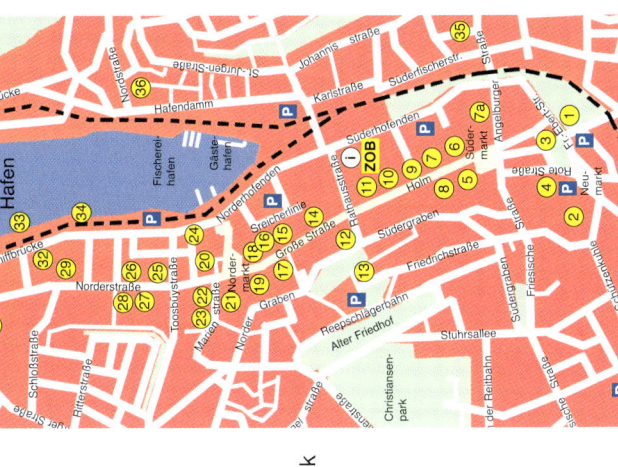

Stadtplan Innenstadt

1 – Deutsches Haus
2 – Rathaus
3 – Kloster
4 – Rote Straße
    mit Handwerkerhöfen
5 – St.-Nikolai-Kirche
6 – Dethleffsen-Hof
7 – Holm-Passage
7a – Flensburg Galerie
8 – Galeriehof
9 – Holmnixe
10 – Handelshof
11 – Norwegerhof
12 – Stadttheater
13 – Museumsberg
14 – Union-Hof
15 – Westindien-Speicher
16 – Brasserie-Hof
17 – Heilig-Geist-Kirche
18 – Stöhr-Hof
19 – Neptun- Hof

20 – St.-Marien-Kirche
21 – Orpheus-Theater
22 – „Johannsen"
    kleines Rumhaus
23 – Burghof
24 – Kompanietor
25 – Künstler-Hof
26 – Lagerhaus-Hof
27 – Handwerker-Hof
28 – Dän. Central-Bibliothek
29 – Oluf-Samsons-Gang
30 – Phänomenta
31 – Nordertor
32 – Schiffahrtsmuseum
33 – Museumshafen
    und Museumswerft
34 – Salondampfer
    „Alexandra"
35 – St. Johannis-Kirche
36 – St. Jürgen-Kirche

Stapelholmer Weg

Ausgangspunkt: Arnkielpark bei **Munkwolstrup.**

Tourverlauf:
Vom Arnkielpark über Oeversee, Tarp, Treia, Hollingstedt, Schuby, Idstedt und Süderschmedeby zurück zum Arnkielpark.

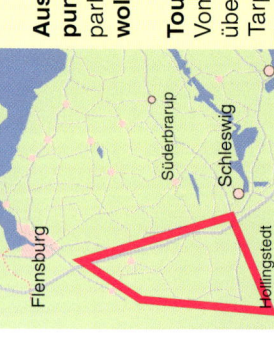

Auskunft: Gebietsgemeinschaft Grünes Binnenland in Tarp
Tel. 0 46 38-89 84 05

Gesamtlänge der Tour **95 km**

Stapelholmer Weg

Diese Tour sollte auf mehrere Tage aufgeteilt werden. Die Gebietsgemeinschaft Grünes Binnenland bietet hierzu Pauschaltouren an. Nähere Informationen siehe Seite 125.

Die Route führt vom Arnkielpark auf dem historischen Handelsweg mittelalterlicher Kaufleute nach Hollingstedt, wo einst die Waren über Treene, Eider und Nordsee zu ihrem Bestimmungsort gelangten.

Über die Verbindung des Radweges „Hist-TourSüd" gelangt man in Hüsby zum Ochsenweg, jener Fernhandelsweg, auf dem nachweislich seit der Bronzezeit Waren zwischen Nord- und Mitteleuropa transportiert wurden.

Arnkielpark siehe Seite 101

Arnkielpark siehe Seite 101

Unterwegs entdecken

Danewerk

Von Hüsby führt ein Abstecher zum Museum am Danewerk. Hier wird direkt neben der Waldemarsmauer die wechselvolle Geschichte dieser über 30 km langen Verteidigungsanlage aus Mauern, Wällen und Gräben seit dem frühen Mittelalter dargestellt. Ein Wanderweg führt vom Museum zur Waldemarsmauer und weiter auf dem Wall entlang.

Findlingsgarten

Am Ortseingang von Tarp führt die Route direkt am Findlingsgarten vorbei. Über 70 Steine, die von den Eismassen vor über 10 000 Jahren nach Schleswig-Holstein geschoben wurden, sind hier nach Alter und Herkunft bestimmt.

Hollingstedt

Im Hollinghus wird anhand archäologischer Ausstellungsstücke und Schautafeln die große Bedeutung des Ortes als Handelsplatz der Wikinger gezeigt. Von Haithabu, dem wichtigsten Ostseehafen jener Zeit, mussten die Waren nur über die schmale Landverbindung bis zum Treeneufer transportiert werden, um über Treene und Eider zur Nordsee zu gelangen.

Poppostein

Ein Abstecher führt zum steinzeitlichen Großsteingrab Poppostein. Nach der Sage soll der Missionar Poppo um 960 n. Chr. hier den dänischen König Harald Blauzahn getauft haben. Im Deckstein des Großsteingrabes sind noch etliche Vertiefungen zu erkennen, in die einst kleine Opfergaben gelegt wurden.

Räuberhöhle

Eines der wenigen Großsteingräber in Schleswig-Holstein, bei dem noch der Erdhügel erhalten blieb. Ob sich hier in grauer Vorzeit wirklich Räuber versteckten ist nicht nachgewiesen, lässt aber Raum für eigene Phantasien, wenn man sich in die dunkle Felsenhöhle begibt.

Schleswig

siehe Seite 98

siehe Seite 98

Stapelholmer Weg

Ausgangspunkt ist der Parkplatz am *Arnkielpark* bei **Munkwolstrup (0,0 km)**.

Vor dem Start lohnt sich ein Rundgang durch das Ausstellungsgebäude und den *Steinzeitpark* mit seinen sieben Steinbetten, darunter das größte in Schleswig-Holstein restaurierte Langbett mit einer Länge von fast 75 Metern.

Vom Parkplatz schwenken wir nach rechts, folgen dem *Stapelholmer Weg* und biegen nach 200 m links in den fahrbahnbegleitenden Radweg der Landesstraße in Richtung Oeversee ein. Vor einem Parkplatz **(0,6 km)** biegen wir rechts ab und überqueren **A** vorsichtig die Landesstraße. Nach wenigen Metern geht der Weg in einen Sandweg über und führt am Seeufer des *Sankelmarker Sees* entlang.

Bei **km 1,3** verlassen wir den Uferweg, schwenken nach links und radeln (oder schieben das Rad) recht steil bergan bis zur *Aussichtsplattform*. Von hier bietet sich ein herrlicher Rundblick über den See. Anschließend fahren wir weiter geradeaus, erreichen eine Vorfahrtstraße **(2,0 km)** und biegen links in den fahrbahnbegleitenden Radweg nach Oeversee ein. In **Oeversee** bie-

gen wir rechts ab **(2,2 km)** und folgen dem Radwegweiser nach Großsolt.

Wir radeln nun auf dem *Stapelholmer Weg* durch den Ort, fahren auch bei **km 3,5** geradeaus weiter, **A** obwohl das Radwegschild nach links weist, kommen durch den Ortsteil **Frörup** und verlassen bei **km 4,2 Oeversee/Frörup** in Richtung Tarp. Wir überqueren auf der *Flensburger Straße* die Autobahn **(5,7 km)**, fahren bei **km 7,0** neben dem Kreisverkehr geradeaus und erreichen **Tarp**.

Abstecher: Zwischen Kreisverkehr und Ortsschild befindet sich auf der rechten Seite der *Findlingsgarten.*

Wir radeln auf der *Dorfstraße* durch **Tarp**. Für das leibliche Wohl finden wir vom Bäcker über den Supermarkt und Imbiss bis zum Restaurant alle Versorgungsmöglichkeiten.

Anschließend verlassen wir den Ort und fahren auf dem fahrbahnbegleitenden Radweg weiter geradeaus, bis wir durch ein Waldstück kommen **(11,1 km)**. Hier folgen wir dem Rad-

wegweiser nach links und biegen an der T-Kreuzung am Ende des Waldes rechts ab **(11,9 km)**.

Abstecher: Links führt der *Stapelholmer Weg* als Exkurs-Tour *zur Treene*. Wir folgen dem Sandweg am Waldrand entlang. Linker Hand verdecken hügelige Wiesen den Blick auf die *Treene.* Erst am Pfadfinder-Lager können wir den Fluss sehen, der sich wie ein silbernes Band durch die grüne Landschaft windet.

Am Pfadfinder-Lager fahren wir einen Rechts-links-Schwenk **(13,4 km)** und radeln auf schmalen Wald- und Graswegen im Zick-Zack-Kurs, immer den Radwegweisern folgend, bis wir wieder eine Asphaltstraße **(14,1 km)** erreichen.

Bei **km 14,4** schwenken wir links in den fahrbahnbegleitenden Radweg, radeln an der Abzweigung nach Wan-

derup geradeaus, überqueren die *Treene* **(15,4 km)** und erreichen **Langstedt**. Im Ort schwenken wir rechts in die *Ulmenallee*, überqueren die Bahngleise **(16,3 km)** und fahren an der Weggabelung bei **km 18,1** rechts in Richtung Sollerup durch ein Waldgebiet. An den Abzweigungen nach Hünningfeld **(20,7 km)** und nach Bollingstedt **(22,0 km)** fahren wir geradeaus, folgen weiter dem *Stapelholmer Weg* und halten uns nach weiteren 100 m an der Weggabelung rechts.

In **Hünning (22,9 km)** biegen wir links in die Straße *Zur Treene* ab, radeln durch ein Waldstück, biegen an der nächsten T-Kreuzung rechts ab, überqueren die *Bollingstedter Au* und fahren weiter geradeaus auf dem *Stapelholmer Weg*. Wir kommen an einzelnen Häusern vorbei, biegen bei **km 24,9** rechts in den fahrbahnbegleitenden Radweg der Vorfahrtstraße ein, überqueren ein weiteres Mal die *Treene* und schwenken in **Sollbrück** vor einem Gasthaus links in den *Violer Weg*

(25,3 km). Nach 300 m biegen wir links in die Straße *Achter de Bahn* ein, überqueren die Bahngleise und verlassen **Sollbrück**. An der Kreuzung *Moorweg* **(27,3 km)** fahren wir geradeaus weiter auf dem *Harenburger Weg*, radeln an der Abzweigung bei **km 29,1** geradeaus und biegen bei **km 29,5** links in den *Moorweg* ein. Bei **km 30,3** schwenken wir links in den fahrbahnbegleitenden Radweg Richtung Treia.

Wir erreichen **Treia** und fahren an der T-Kreuzung *Treenestraße* **(32,0 km)** mit einem Rechts-links-Schwenk in die Straße *Am Sportplatz*. Nach 200 m, am Ende der Asphaltstraße, biegen wir rechts in einen Wirtschaftsweg ein. **A** Zeitweise ist der Weg durch ein Tor gesperrt, aber Radfahrer können das Tor passieren. Nach 100 m erreichen wir wieder die Asphaltstraße, radeln geradeaus weiter bis zur Vorfahrtstraße, schwenken dort nach links, folgen der Straße und verlassen **Treia**. Bei **km 35,2** schwenken wir links in

Richtung Bergenhusen/Silberstedt, erreichen **Goosholz**, biegen im Dorf rechs ab und fahren auf einem Grasweg zur *Treene* hinunter. **A** Über den Fluss führt eine schmale Holzbrücke, die bei feuchter Witterung rutschig sein kann.

Auf dem gegenüberliegenden Ufer der *Treene* folgen wir weiter dem Grasweg bis wir bei **km 36,0** links in eine Asphaltstraße einbiegen können. Wir erreichen **Holm**, biegen im Ort **(36,3 km)** rechts ab und nach 300 m an der Kreuzung noch mal rechts (Richtung Silberstedt).

An der Abzweigung nach Silberstedt **(36,7 km)** fahren wir geradeaus in Richtung Hollingstedt und biegen wenige Meter vor der Abzweigung nach Ellingstedt **(38,6 km)** rechts in die Straße *Hofwiesenweg* ein. In **Hofwiesen** folgen wir der Linksbiegung des Hauptweges **39,7** (rechts zweigt ein Wander- und Radweg nach Holm ab). Anschließend überqueren wir einen Bachlauf, biegen bei

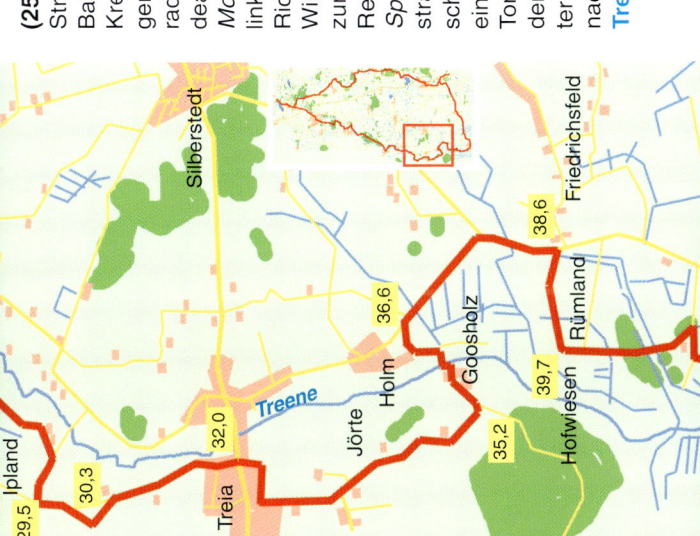

Schuby

Hüsby

Dannewerk

Danewerk Museum
Waldemarsmauer

56,0

56,6

Hüsbyfeld

52,6

Ellingstedt

49,7

Morgenstern

48,7

Friedrichsfeld

Hollingstedt

Hollinghus

38,6

Rümland

41,0

43,4

36,6

Treene

Holm

39,7

Hofwiesen

35,2

Jörte

km 41,0 an der T-Kreuzung rechts ab, halten uns nach 250 m an der Weggabelung links und an der nächsten Weggabelung **42,7** km wieder links.

Wir erreichen **Hollingstedt**, schwenken links in die Vorfahrtstraße **(43,4 km)** und erreichen nach wenigen Metern das *Hollinghus*. Die Ausstellung ist täglich von 8–18 Uhr geöffnet. Hier endet der *Stapelholmer Weg*. Bis wir in Hüsby den *Ochsenweg* erreichen, folgen wir dem Radweg *HistTourSüd*.

Vom *Hollinghus* radeln wir weiter auf der Hauptstraße, biegen nach 400 m links in Richtung Ellingstedt ab und fahren auf dem fahrbahnbegleitenden Radweg bis **Morgenstern (48,7 km)**. Hier schwenken wir links in den Sandweg *Karkstieg*. In **Ellingstedt** überqueren wir die Vorfahrtstraße **(49,7 km)** und radeln geradeaus in die Straße *Grote Koppel*. Anschließend folgen wir den Radwegweisern auf dem Zick-Zack-Kurs durch den Ort, biegen schließlich rechts in den *Wuhrenweg* ein

und verlassen **Ellingstedt** in Richtung Hüsby. Wir fahren auf dem *Wuhrenweg* immer geradeaus, auch an der Kreuzung *Moorweg* in **Hüsbyfeld (52,6 km)** radeln wir weiter geradeaus, nun auf dem *Ellingstedter Weg*.

In **Hüsby** biegen wir an der Kreuzung **(56,0 km)** links in die Straße *Norderende* ein. **Abstecher:** Zum *Danewerk-Museum*, zur *Wallanlage* und *Waldemarsmauer* halten wir uns halbrechts und folgen den Radwegweisern 3,4 km in Richtung Dannewerk.

Mit einem Linksschwenk verlassen wir **Hüsby (56,3 km)** und biegen an der nächsten Abzweigung **(56,6 km)** rechts ab.

In **Schuby** radeln wir auf der *Dellenstraße* bis zum Kreisverkehr, verlassen diesen **(58,6 km)** an der ersten Ausfahrt und fahren auf der *Theodor-Storm-Straße* bis zur T-Kreuzung vor einem Getreidesilo **(59,1 km)**. Hier schwenken wir nach links, Richtung Lürschau, biegen vor der scharfen Linkskurve der Straße rechts ab **(59,6 km)** und fahren

durch die Unterführung. Nach weiteren 300 m schwenken wir nach links, passieren die Schallschutzanlage, überqueren die Bundesstraße an der Fußgängerampel und radeln anschließend weiter auf dem *Lürschauer Weg*.

Bei **km 60,4** folgen wir der Rechtskurve, schwenken nach 200 m links in den fahrbahnbegleitenden Radweg der Vorfahrtstraße und überqueren auf einer Brücke die Autobahn. In **Lürschau** halten wir uns

Försterei vorüber und biegen, wenige Meter nachdem der Sandweg in einen Asphaltweg übergegangen ist **(66,0 km)**, links ab. An der Weggabelung **(67,0 km)** halten wir uns rechts, nach 200 m noch mal rechts, kommen an einem Feuerlöschteich vorbei und biegen bei **km 67,5** links in einen breiten Sandweg ein. Wir verlassen den Wald, folgen an der Abzweigung **(68,3 km)** dem Radwegweiser nach rechts, überqueren in **Idstedt** die Vorfahrtstraße und fahren geradeaus in den *Schulberg* **(69,3 km)**. Im Ort folgen wir den Radwegweisern, verlassen den Kreisverkehr an der zweiten Ausfahrt **(69,9 km)** und radeln auf dem *Röhmker Weg* in Richtung Flensburg.

Wir verlassen **Idstedt** **(70,5 km)**, fahren geradeaus in die Straße *Röhmke*, überqueren bei **km 71,7** die *Stolkerfelder Straße* mit einem Rechts-links-Schwenk und biegen an der nächsten T-Kreuzung **(72,4 km)** links ab (kein Radwegweiser). In der Rechtskurve der

an der Abzweigung nach Schleswig links und folgen dem Radwegweiser nach Idstedt.

Bei warmem Sommerwetter bietet sich ein Badestopp am Lürschauer See an *(Bade-stelle)*. Nach 200 m zweigt der Radweg *Hist-TourSüd* links ab, wir folgen jedoch weiter dem *Ochsenweg* geradeaus in Richtung Idstedt. Nach weiteren 100 m überqueren wir **A** vorsichtig die Vorfahrtstraße, schwenken links in den fahrbahnbegleitenden Radweg, verlassen diesen nach wenigen Metern wieder **(65,0 km)** und schwenken am Waldrand rechts in den Sandweg.

Abstecher: Zum *Großsteingrab Räuber-höhle* führt ein Pfad links durch den Wald (300 m).

Bei **km 65,4** zweigt die Alternativroute des Ochsenweges nach Schleswig rechts ab. **Abstecher** nach Schleswig auf dem Ochsenweg: Karte siehe Seite 95 BadeseeTörn

Wir fahren weiter geradeaus auf dem *Ochsenweg* Richtung Idstedt, kommen an der

Hauptstraße **(73,1 km)** schwenken wir links in die Sackgasse und fahren nach 200 m geradeaus in den Grasweg.

Am Waldrand überqueren wir den Wasserlauf auf einer schmalen Holzbrücke, schwenken an den nächsten beiden T-Kreuzungen nach links, passieren eine Schranke **(74,3 km)** und verlassen den Wald auf einem breiten Sandweg. Nach 200 m erreichen wir wieder eine Asphaltstraße, biegen sofort rechts ab und schwenken in Helligbek an der Bauminsel **(75,7 km)** nach links.

Direkt vor der Straßenbrücke über die Schnellstraße **(76,2 km)** biegen wir rechts ab.

Abstecher: Zum Poppostein fahren wir über die Brücke, biegen links ab und radeln bis zu einer niedrigen Unterführung. Von dort führt ein schmaler Fußweg zum Poppostein.

Anschließend radeln wir durch **Stenderupbusch**, biegen bei **km 77,7** links nach Stenderup ab und kommen an zwei hohen *Hügelgräbern* aus der Bronzezeit vorüber.

In **Stenderup** schwenken wir an der T-Kreuzung **(79,3 km)** nach links, überqueren nach 200 m **A** vorsichtig die Vorfahrtstraße und fahren anschließend an der Bauminsel mit einem Links-rechts-Schwenk in die Straße *Am Schwimmbad*, radeln durch **Sieverstedt** und kommen an der Kirche und am Schwimmbad vorbei. Am Ende der Straße *Am Schwimmbad* fahren wir mit einem Rechts-links-Schwenk in die Straße *Hoshoy* **(80,6 km)** in Richtung Süderschmedeby, schwenken an der T-Kreuzung **(80,9 km)** nach links, an der nächsten Querstraße nach rechts und verlassen **Sieverstedt**.

Süderschmedeby empfängt uns mit einer langen Steigung. Anschließend radeln wir an der Abzweigung nach Tarp geradeaus auf der *Schmedebyer Straße* **(83,4 km)** in Richtung Oeversee. Bei **km 84,0** überqueren wir **A** vorsichtig die Vorfahrtstraße und fahren geradeaus in die Straße *Ballbek*. An der Weggabelung **(84,5 km)** halten wir uns links, schwen-

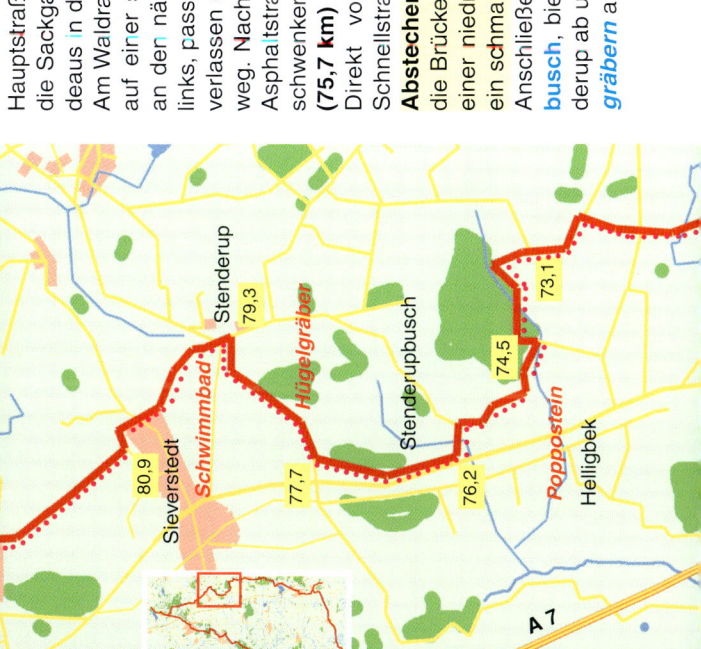

ken an der Abzweigung **(85,2 km)** nach rechts zum Fröruper Wald und biegen nach 100 m an der T-Kreuzung links ab. Die schmale Asphaltstraße windet sich durch das Feuchtgebiet *Obere Treenelandschaft*, das zum Naturschutzgroßprojekt ausgewiesen wurde. Bei **km 87,3** schwenken wir links in den fahrbahnbegleitenden Radweg, passieren die Unterführung der Landesstraße **(88,3 km)**, schwenken anschließend nach rechts Richtung Oeversee und biegen vor der Landesstraße links nach Frörup ab. In *Frörup*

fahren wir am Mühlenteich **(88,7 km)** nach rechts, erreichen nach einer kurzen Steigung den *Stapelholmer Weg* und schwenken rechts in den fahrbahnbegleitenden Radweg. Wir befinden uns nun in *Oeversee* auf dem Weg, den wir von der Hinfahrt kennen. Die letzten 4 km radeln wir nun auf dem gleichen Weg in umgekehrter Richtung zurück, kommen am *Sankelmarker See* vorüber und erreichen am *Arnkielpark* wieder unseren Ausgangspunkt.

Auskünfte - Touristinformation

Gemeindeverwaltung **Böklund**
Tel.: 0 46 23-17 97

Touristinformation **Brodersby**
Tel.: 0 46 22-808

Flensburg Tourismus GmbH
Tel.: 04 61-9 09 09 20

Touristikverein Ferienland Ostsee
Gelting-Maasholm e.V.
Tel.: 0 46 43-777

Touristinformation **Glücksburg**
Tel.: 0 46 31-40 77 17

Touristinformation **Kappeln**
Tel.: 0 46 42-40 27

Fremdenverkehrsverein Schleidörfer **Satrup**
Tel.: 0 46 33-18 86

Touristinformation **Schleswig**
Tel.: 0 46 21-85 00 56

Fremdenverkehrsverein **Sörup**
am Südensee
Tel.: 0 46 35-12 77

Touristinformation **Süderbrarup**
Tel.: 0 46 41-20 47

Tarp
Gebietsgemeinschaft Grünes Binnenland
Tel.: 0 46 38-89 84 04
www.tourismus-nord.de

Pauschalangebote
Die Gebietsgemeinschaft bietet auch Pauschaltouren mit ein oder zwei Übernachtungen an.
Für Gruppen können auch kombinierte Rad- und Kanutouren inklusive Übernachtung im Zelt oder Heu gebucht werden.

Museen

Unewatt
Landschaftsmuseum Unewatt
Tel.: 0 46 36-10 21

Museen in Flensburg
Museumsberg Flensburg
Tel.: 04 61-85 29 56

Schiffahrtsmuseum Flensburg
Tel.: 04 61-85 29 70

Museen in Schleswig
Stiftung Schleswig-Holsteinische Landesmuseen
Schloss Gottorf
Tel.: 0 46 21-813-222

Wikinger-Museum Haithabu
Haddeby bei Schleswig
Tel.: 0 45 21-813-222

Museen in Schleswig

Stadtmuseum Schleswig
Tel.: 0 46 21-93 68 20

Danewerk

Museum am Danewerk
Tel.: 0 46 67-3 78 14

Haftungsausschluss

Auf allen beschriebenen Wegen sind wir gefahren und haben nach bestem Wissen recherchiert. Für zwischenzeitlich eingetretene Änderungen oder eventuelle fehlerhafte Angaben können wir aber keine Haftung übernehmen

Bildverzeichnis

Seite **2** – Mühle „Charlotte", Geltinger Birk
Seite **6** – Bärlauchblüte bei Schaalby
Seite **12** – Windmühle Fortuna, Unewatt
Seite **16** – Schloss Glücksburg
Seite **17** – Marxenhof in Unewatt
Seite **18** – Feldsteinkirche in Steinbergkirche
Seite **22** – Die Kirche von Neukirchen
Seite **23** – Blühendes Rapsfeld
Seite **24** – Steinzeitliche Grabanlage auf dem Pinkyberg bei Gelting
Seite **25** – Schloss Gelting
links
Seite **25** – Gemeindehaus in Gelting
rechts
Seite **28** – Leuchtturm Falshöft
Seite **32** – Hafen in Maasholm
Seite **36** – Heringszaun in Kappeln
Seite **40** – Votivschiff in der Kirche zu Arnis
Seite **41** – Klappbrücke in Kappeln
Seite **42** – Reetdachhaus in Sieseby

Seite **43** – Fachwerkhaus in Scharmatt
Seite **45** – Gut Krieseby
Seite **46** – Eisenbahnklappbrücke in Lindaunis
Seite **47** – St. Wilhadi-Kirche in Ulsnis
Seite **50** – Wikinger Häuser in Haithabu
Seite **55** – Die Schlei bei Haddeby
Seite **56** – Taufstein in der Kirche zu Sörup
Seite **57** – Windmühle in Schwensby
Seite **61** – Blühender Ginster
Seite **62** – Südensee bei Sörup
Seite **63** – Bootssteg am Langsee
Seite **66** – Südensee bei Sörup
Seite **67** – Säulenfuß am Nordportal der Kirche in Sörup
links
Seite **67** – Taufstein in der Kirche zu Sörup
rechts
Seite **68** – Auenlandschaft
Seite **69** – Bondenau bei Großsolt
Seite **72** – Gulything bei Gulde

Seite 76 – ZDF-„Landarztpraxis",
Herrenhaus Lindauhof
Seite 81 – Grabhügel Kummerhy
in Süderbrarup
Seite 82 – Rapsfeld an der Kreisbahntrasse
Seite 83 – Fachhallenhaus von 1756 in
Hestorf
Seite 87 – Morgennebel über der Schlei
Seite 88 – Allee zum Gut Winning
Seite 89 – Dorfkirche in Brodersby
Seite 91 – Fähre über die Schlei
bei Missunde
Seite 92 – Der Langsee bei Süderfahren-
stedt
Seite 93 – Schloss Gottorf
Seite 96 – Stadtmuseum in Schleswig
Seite 97 – Dom zu Schleswig
Seite 98 – Fischersiedlung Holm in
Schleswig
Seite 99 – Hörner, das Symbol des
Ochsenweges
Seite 100 – Wehrkirche in Oeversee
Seite 101 – Sankelmarker See

Seite 104 – Dolmen im Arnkielpark
Seite 105 – Langbett im Arnkielpark
Seite 106 – Taufstein in Munkbrarup
Seite 111 – St. Laurentius zu Munkbrarup
Seite 112 – Am Flensburger Hafen

Seite 113 – Flensburg, Fachwerkhaus an
der Schiffbrücke
Seite 114 – Die Treene bei Holm
Seite 124 – Langbett im Arnkielpark
Seite 127 – Langballigau

Ortsverzeichnis

Ort	Seiten	Ort	Seiten
Arnis	38, 44	Langstedt	117
Berend	94	Lindaunis	44, 48, 79, 84
Bobeck	30, 34	Loit	84
Boren	79, 84	Lürschau	94, 121
Borgwedel	52	Maasholm	34
Brarupholz	78	Missunde	48, 52, 90
Brebel	84	Mohrkirch	64
Brodersby	48, 52, 85, 90	Moldenit	52, 90
Dollerup	58	Munkbrarup	14, 108
Eggebek	117	Munkwolstrup	102
Ellingstedt	120	Neuberend	94, 122
Fahrdorf	52	Nieby	20
Fleckeby	52	Niesgrau	20, 26
Flensburg	108, 112	Norderbrarup	78
Freienwill	102	Nübel	94, 122
Füsing	52, 90	Oeversee	102, 116, 124
Gelting	26, 30, 34	Ohrfeldhaff	20
Geltinger Birk	30	Olpenitz	38
Glücksburg	14	Oxbüll	14, 108
Goltoft	48, 85, 90	Pommerby	26, 30
Goosholz	119	Pottloch	34
Grödersby	38, 44, 78	Queren	20, 58
Großsolt	70, 102	Rabel	34, 74
Grundhof	58	Rabenholz	34
Grünholz	64	Rabenkirchen	74, 78
Güby	52	Rieseby	48
Gulde	74	Ringsberg	14
Gunneby	26, 34	Rüde	64, 70
Haddeby	52	Rügge	64
Hestoft	48	Sankelmark	102
Helligbek	123	Satrup	64, 70
Hollingstedt	120	Schaalby	90
Holm	119, 120	Scheggerott	74, 78
Hostrup	70	Scheersberg	20, 58
Hünning	118	Schleswig	52, 95, **98**
Hürup	109	Schnarup-Tumby	70
Husby	108	Schuby	121
Hüsby	120	Scholderup	90
Idstedt	52	Schorrehy	74
Jarplund-Weding	94, 122	Schwackendorf	26, 34, 74
Jerrishoe	102	Schwensby	58
Kappeln	38, 74	Siegum	14
Karby	38	Sieseby	44, 79
Karlsburg	38, 44	Sieverstedt	123
Karschau	78	Silberstedt	119
Ketelsby	78	Sollbrück	118
Kius	48	Sollerup	118
Kleinsolt	102	Sörup	59, 64
Kronsgaard	30, 34	Stenderup	34, 123
Langballigau	14	Steinberghaff	20
		Steinbergkirche	20, 58
		Steinfeld	84
		Sterup	59, 64
		Stexwik	52
		Stoltebüll	26, 34, 74
		Streichmühle	58
		Stutebüll	34
		Süderbrarup	44, 78, 84
		Süderfahrenstedt	94
		Süderschmedeby	124
		Sundsacker	38
		Taarstedt	48, 84, 90
		Tarp	116, 117
		Tastrup	108
		Tolk	90
		Treia	119
		Ulsnis	48, 84, 90
		Unewatt	14, 58
		Vogelsang	26, 34, 74
		Wackerballig	26, 30
		Wees	108
		Weseby	109
		Westerakeby	84
		Weseby	52
		Winnemark	44
		Winningmay	52, 90
		Wippendorf	26, 74